日本の経済安全保障

国家国民を守る黄金律

高市早苗

飛鳥新社

日本の経済安全保障

国家国民を守る黄金律

日本の経済安全保障　目次

第3章 「特定重要物資」それぞれの現状 73

第7章 特許出願——非公開制度の真の狙い 195

第9章 外国法制度のリスクを周知せよ

序章

「経済安全保障」とは何か

半導体サプライチェーンの強靭化を

近年、様々なメディアで、「経済安全保障」という言葉が当たり前のように使われている。首脳会談や国際会議の議題の一つとしても、普通に報道されるようになっている。

それでも私が「経済安全保障」をテーマに講演をすると、「そもそも『経済安全保障』とは、一言でいうと何なのでしょうか？　いまさら誰にも尋ねることができません」と、正直に質問してくださる人もおられる。

実は「経済安全保障」の意味を定義した法律は存在しない。

二〇二二年五月一一日に成立した『経済施策を一体的に講ずることによる安全保障の確保の推進に関する法律』（以下、略称『経済安全保障推進法』）の条文にも、定義は規定されていない。

『経済安全保障推進法』第一条（目的）のなかには、「安全保障を確保するためには、経済活動に関して行われる国家及び国民の安全を害する行為を未然に防止する重要性が増大していることに鑑《かんが》み」という文言《もんごん》がある。これが最も分かりやすいと考え、私は「法的定義はありませんが、『経済活動に関して行われる国家及び国民の安全を害する行為を未然に防止すること』だと考えてください」と説明をしてきた。

二〇二二年一二月一六日に閣議決定した『国家安全保障戦略』では、「我が国の平和と安全や経済的な繁栄等の国益を経済上の措置を講じ確保することが経済安全保障」であると説明している。

この「経済安全保障」が注目を集めるようになったのは、近年、安全保障の概念が防衛・外交という伝統的領域から経済・技術分野にも拡大したからだ。安全保障と経済を一体的に捉《とら》えて政策を組み立て、国家や国民の安全を経済面から確保し、また国益を確保していくことが必要となっている。

そこには、まず「サプライチェーンの問題」がある。

経済効率性が重視され、国際分業化が推進されてきたため、サプライチェーンが多様化・複雑化し、重要物資を他国へ過度に依存することとなった結果、そこに供給リスクが顕在化《けんざいか》した。

たとえば、多くの産業に必要不可欠な半導体が世界的に不足し、日本国内でも自動車の生産が遅延するなどのケースが見られた。日本には一定の優位性があるが、半導体サプライチェーンのさらなる強靭化《きょうじんか》は極めて重要だ。

特に二〇二〇年以降の日本は、感染症や国際情勢の変化によるリスクにも直面した。近年の国内外の動向については、第一章で述べる。

Ｆ－２戦闘機から生まれた民生技術

第二に、「先端的な技術の獲得をめぐる動向」である。

私たちの暮らしに身近なコンピュータ、インターネット、ＧＰＳ、電子レンジ、食品用ラップ、缶詰、お掃除ロボットなども、もともとは国防上の技術開発から生まれたものだ。日本の防衛省が実施している研究開発の成果も、スピンオフとして社会に還元されており、我が国の技術力や経済力の強化につながっている。

たとえば米国のＦ－16を日本の運用法や地理的特性に合わせて日米共同で改造開発したＦ－２戦闘機から生まれた新技術は、医療用の骨折時補強チタンボルト、高速道路のＥＴＣ、車載用衝突防止レーダー（フェーズド・アレイ）、物流の電子タグ（指向性アンテナ、リアルタイム処理）、旅客機の複合材主翼などに応用された。

他方、近年になって注目されているＡＩ、量子、無人化、センシングに加え、情報通信、情報処理、情報セキュリティ、マテリアルなどに関する技術は、経済や社会を便利で豊かで安全なものにする可能性があると同時に、軍事に使用されると安全保障環境に本質的な変化をもたらす。

たとえばドローンは、二〇二四年一月一日に発生した能登半島地震でも活用されたが、災害時の情報収集のほか、物流、警備、測量、インフラ点検、農林業などで幅広く活用されている。人手不足など社会課題の解決や新たな付加価値を創造するツールとして期待を集めている。

同時に、海外では数十機から数百機単位のドローンで攻撃（スウォーム攻撃）を実施する技術も研究されており、使途によっては安全保障上の大きな脅威になり得る。

『令和五年版防衛白書』でも取り上げているが、中国では二〇一八年五月、中国電子科技集団有限公司がＡＩを搭載した二〇〇機のドローンからなるスウォーム飛行を成功させている。また二〇二〇年九月には、中国国有軍需企業が、無人航空機のスウォーム試験の状況を公開している。このようなスウォーム飛行を伴う軍事行動が実現すれば、従来の防空システムでは対処が困難になることが想定される。

米国の国防総省による『中華人民共和国の軍事及び安全保障の進展に関する年次報告（二〇二二年）』では、中国軍は、智能化されたスウォームによる消耗戦など、智能化された戦争のための次世代の作戦構想を模索していると指摘した。

内閣府がＧＲＩＰＳ（政策研究大学院大学）に委託した研究の成果報告書（二〇二三年三月）には、以下のような記述がある。

「浙江《せっこう》大学の研究者は、後述するスウォーム技術と組み合わせ、一〇機ある各ドローンの

AIが自律分散協調アルゴリズムによって、竹藪《たけやぶ》のなかで相互通信し、難なく編隊飛行しながら障害物を回避して、目標の人間を追跡する技術を完成させている」

「浙江大学の研究は注目すべきもので、スイス連邦工科大学ローザンヌ校のドローン群研究者のエンリカ・ソリアは、『ドローン群飛行が、構造化されていない環境、野生の外（原文ママ）で飛行に成功したのはこれが初めてであり、非常に印象的だ』としている」

また数機単位の自律制御は、すでにトルコの企業がKARGUという「自爆ドローン」で実装しており、国連安全保障理事会の専門家パネルは、KARGU-2がリビアの内戦で実際に使われた可能性があると、二〇二一年三月の報告書で指摘している。

なお、日本で研究開発に取り組んでいるのは、スウォーム攻撃能力そのものではなく、ドローン・スウォーム攻撃などに対する「対処能力」の獲得だ。

安倍元総理が作った「経済安全保障」の司令塔

このように安全保障は、伝統的に防衛や外交の領域だと捉えられていたが、最近は経済の領域にも関わるようになり、安全保障と経済を切り離して考えることが難しくなっている。

先進技術の獲得に鎬《しのぎ》を削る諸外国と伍《ご》する形で研究開発を進めることが必要であるとと

もに、日本の技術が懸念国に流出しないようにすることも重要な課題になっている。

第三に、「サイバーセキュリティの課題」だ。

DXの進展により、国民生活の利便性が飛躍的に向上する一方、世界的にサイバー攻撃の脅威が増大した。

サイバー攻撃の現状については第一章に詳記するが、ライフラインをはじめとする基幹インフラの役務を安定的に提供するため、その対策立案が急務となっている。

これらの課題については、順次、本書で詳記するが、いずれも、従来のように安全保障や経済の分野だけに割り切って対処するのが難しい課題である。

このような情勢の変化に対応するべく、安倍晋三元総理は二〇二〇年四月、NSC（国家安全保障会議）の事務局であるNSS（内閣官房国家安全保障局）に経済班を設置し、経済安全保障政策の司令塔機能を強化した。

『経済安全保障推進法』に魂を入れる仕事

自民党政務調査会は、二〇二〇年六月、甘利明《あまりあきら》衆議院議員を中心に「新国際秩序創造戦略本部」を立ち上げ、「経済安全保障」に関する本格的な検討を行う場を整えた。そして同年九月には『中間とりまとめ』を発表、一二月には『提言「経済安全保障戦略」の策定に向けて』を取りまとめた。

私自身は、二〇二一年九月二九日の自民党総裁選挙に出馬して敗れたのだが、直後の一〇月一日に岸田文雄総裁から自民党政調会長に任命され、同年一〇月三一日が投票日となった衆議院選挙に向けて『自民党令和三年政権公約』を執筆した。

同公約では、冒頭カラー版の特出し政策特集のなかに「経済安全保障を強化する」という項目を設け、「『経済安全保障推進法（仮称）』を策定します」と打ち出した。

二〇二一年一〇月四日に発足した第一次岸田内閣では、日本で初めて「経済安全保障担当大臣」が置かれ、小林鷹之《たかゆき》衆議院議員が就任した。こうして担当大臣が先頭に立ち、各府省庁連携のもとで「経済安全保障」への取組が実施される体制ができた。

二〇二二年五月一一日には、前年の衆議院選挙時に約束した通り、『経済安全保障推進法』が成立し、同年五月一八日に公布された。

同法は、「特定重要物資の安定的な供給の確保に関する制度」「特定社会基盤役務の安定的な提供の確保に関する制度」「特定重要技術の開発支援に関する制度」「特許出願の非公開に関する制度」の四つを新設することを定めた。

同年の通常国会では、同法の可決・成立を期して小林経済安全保障担当大臣が懸命に国会答弁を続けられ、私は自民党の政調会長兼経済安全保障推進本部長として、同僚議員たちとともに全面的にバックアップした。

同年夏の党役員人事と内閣改造では、私は政調会長の任を終え、二〇二二年八月一〇日、二代目の経済安全保障担当大臣に就任した。そして二〇二三年九月一三日の内閣改造で再任された。

『経済安全保障推進法』が成立して約三カ月後に経済安全保障担当大臣に就任した私の主な仕事は、法律に「魂《たましい》を入れる」作業だった。

つまり、同法で新設された四つの制度を、順次、施行し、下位法令（政令・府省令）やガイドラインを定め、予算措置をして、動かしていく。各府省庁の職員や有識者の皆様のご尽力を得ながら気が遠くなるほどの作業を進めてきたが、二〇二四年五月から運用が始まる制度も二つあったので、役所では長期間の格闘が続いていた。

無謀と見られていたセキュリティ・クリアランス制度

さらに私は、二〇二二年八月の経済安全保障担当大臣就任時に、『経済安全保障推進法』制定時には法制化されなかった「経済安全保障版セキュリティ・クリアランス制度」を創設するという決意を表明していた。

直前まで自民党で政調会長と経済安全保障推進本部長を兼任していたことから、私には、

「我が国の情報保全の強化は、国民の皆様の安全を守るためにも、日本企業の国際共同研究や海外ビジネスへの参入機会を増やすためにも、非常に重要で、急いで実現するべき課題だ」という確信があった。

しかし、私の決意表明は「無謀だ」と受け取られたらしく、政府内ではあまり歓迎されていないようだった。一部の官邸幹部に慎重論が強いことから、実現は困難だと仄聞《そくぶん》していた。

それでも制度創設に必要な法律案の提出を期し、内閣官房経済安全保障法制準備室や内閣官房国家安全保障局および内閣情報調査室の職員たち、そして大臣秘書官たちとともに、粘り強く準備を進めた。

その後、「経済安全保障版セキュリティ・クリアランス制度」の必要性については、幾度か岸田総理にご説明する機会をいただくことができた。

また、国際的に通用する制度にするという観点から、すでに情報保全制度が経済・技術の分野においても定着している同盟国・同志国の閣僚やシンクタンクの幹部が来日されるたびに、頭を下げて情報提供へのご協力を要請し、主要国の情報保全制度の内容を詳細に調べる作業を続けた。

二〇二二年一二月一六日に閣議決定した『国家安全保障戦略』には、「主要国の情報保全の在り方や産業界のニーズも踏まえ、セキュリティ・クリアランスを含む我が国の情報保全の強化に向けた検討を進める」という文言が入った。

さらに二〇二三年二月一四日、官邸で開催された「第四回経済安全保障推進会議」（議長は総理、副議長は経済安全保障担当大臣と官房長官）の場で、岸田総理から「有識者会議を開催して、今後一年程度を目途《もくと》に可能な限り速やかに検討作業を進めること」というご指示をいただくことができた。

すぐに有識者の人選を進め、翌週の二月二二日には有識者会議を立ち上げた。学者や弁護士の先生たちに加え、経済団体や労働組合（連合）を代表する有識者の皆様には、月に二回のペースで長時間にわたる熱心なご議論をいただいた。

そうして二〇二三年六月六日には、同会議で取りまとめていただいた『中間論点整理』を公表。新制度の骨格となる考え方が整理できた。

衆院本会議の代表質問では野党も援護

二〇二三年九月一三日に内閣改造があり、私は経済安全保障担当大臣に留任することとなった。

ただ、新制度の検討作業を続行できることにはなったものの、私が不安を感じていたのは、法律案を作成したとしても、国会に提出できるのかどうか、ということだった。内閣委員会は、例年、審議に付される法律案の数が多い。特に二〇二四年の通常国会では、岸田総理肝《きも》いりの異次元の少子化対策に係る法律案の審議も予定されており、内閣として法律案の優先順位をどのように考えてもらえるのかという点については、確信が持てなかった。

二〇二三年一〇月六日には岸田総理のお時間をいただけたので、「経済安全保障版セキュリティ・クリアランス制度」に関する検討状況を報告した。そして、次期通常国会での提出を前提に法律案の作成作業を本格化させたい旨《むね》、そのためには有識者会議を再開したい旨をお願いして、ご了解をいただくことができた。

こうして二〇二三年一〇月一一日から有識者会議を再開し、制度を設計するうえで重要となる複数の論点について、さらに深掘りしたご議論をいただくこととした。

二〇二三年一〇月二〇日に国会が召集されると、二五日の衆議院本会議の代表質問で、日本維新の会の馬場伸幸議員と国民民主党の玉木雄一郎議員が、セキュリティ・クリアランスに関する質問をしてくださった。岸田総理からは、お二人に対して、「セキュリティ・クリアランスは、経済安全保障分野の情報保全強化の観点から非常に重要です。本年二月には有識者会議を設置し、制度設計に必要な議論をしていただいており、同会議での議論を踏まえ、次期通常国会における法案の提出に向けて準備を進めてまいります」というご答弁があった。これで、私も職員も安心して法律案の作成や各省庁との協議に臨める環境が整った。

ここまでが、実に長い道程だった。

長期間にわたり自民党経済安全保障推進本部（甘利明本部長）の皆様からお力添えを賜《たまわ》ったことに加え、党派を超えて志《こころざし》を同じくする与野党各会派の同僚国会議員の皆様も、予算委員会や内閣委員会の審議で幾度も新法の制定に向けて背中を押すような質疑をしてくださった。こうしたこともあり、私は諦《あきら》めずに取り組み続ける勇気を持つことができた。

その後、有識者会議では、二〇二三年一一月二〇日、一二月二〇日、二〇二四年一月一七日にもご議論をいただき、二〇二四年一月一九日には『最終取りまとめ』を公表した。これに基づいて、法律案の各条文を丁寧に詰める作業が本格化していった。

二〇二四年二月には、各党で法律案の審査をしていただいたうえで、二〇二四年二月二七日早朝に『重要経済安保情報の保護及び活用に関する法律案』は閣議決定され、同日一七時に衆議院に提出された。

本法律案は、「重要広範議案」とされた。

「重要広範議案」とは、法律に根拠があるものではないが、「登壇議案のうち、その内容が重要かつ広範に及び、内閣総理大臣が本会議及び付託委員会で答弁すべきものとして、議院運営委員会理事会の合意に基づき指定されるもの」とされている。

本会議場で総理も担当大臣も登壇し、担当大臣が法律案の趣旨説明を行ったあと、質疑を受け、答弁を行うことによって、審議入りする。その後は法律案が付託された委員会で審議され、委員会審議終盤には総理も出席される。衆参両院において同じ手順で審議が進むことから、一般的には成立までに長期間を要する。

この法律案は、二〇二四年三月一九日に衆議院本会議で審議入りし、内閣委員会に付託された。二〇二四年五月一〇日に参議院本会議で可決され、『重要経済安保情報の保護及び活用に関する法律』(以下、『重要経済安保情報保護活用法』)が成立した。丸暗記するほど何回も全条文を読み込み、懸命に答弁を続けた日々だった。

決意表明の日から約一年九カ月を要したが、悲願が叶った。

同法の詳細については、第八章に記す。

『経済安全保障推進法』制定の経緯

以下、『経済安全保障推進法』を制定するまでの経緯を簡単にまとめたい。

まず二〇二一年一〇月三一日、自民党が『自民党令和三年政権公約』に「経済安全保障推進法（仮称）を策定します」と明記して闘った衆議院選挙の投票が行われ、自民党は勝利した。

衆議院選挙直後の一一月に召集された国会の首班指名選挙では岸田文雄自民党総裁が再選され、第一次岸田内閣発足から一カ月余で第二次岸田内閣が発足することとなった。無論、小林鷹之経済安全保障担当大臣も続投だ。

二〇二一年一一月一九日、総理官邸で、「第一回経済安全保障推進会議」が開催された。多岐《たき》にわたる課題があるなか、法制上の手当を講ずることにより最初に取り組むべき分野として、以下が示された。

①重要物資や原材料のサプライチェーンの強靱化
②基幹インフラ機能の維持等に係る安全性・信頼性の確保
③官民で先端的な重要技術を育成・支援する枠組み
④特許非公開化の措置による機微《きび》な発明の流出防止

これら四項目を挙げて、閣僚のあいだで認識を統一。そして岸田総理から小林経済安全保障担当大臣に対し、「経済安全保障に係る法律案策定の準備を行うこと」「有識者会議を立ち上げて専門的な見地から法案について検討を進めること」が指示された。

総理からの指示を受けて、二〇二一年一一月二六日から「経済安全保障法制に関する有識者会議」が計四回、「分野別検討会合」が計一二回開催され、立法措置の具体的内容について検討が積み重ねられた。そうして、二〇二二年二月一日の第四回有識者会議で『経済安全保障法制に関する提言』が取りまとめられた。

続く二〇二二年二月二五日、『経済安全保障推進法案』が衆議院に提出された。そして衆参両院で五〇時間を超える審議が行われ、二〇二二年五月一一日に参議院本会議で可決、成立した。

『経済安全保障推進法』の概要

『経済安全保障推進法』は、前記した四項目を制度化したものである。その基本的な考え方なども併せて明らかにしている。

二〇一五年一二月、ウクライナにおいて、三つの地域的電力配給会社を狙ったサイバー攻撃に起因する大規模な停電が発生したことが報告されているが、このような「経済活動に関して行われる国家及び国民の安全を害する行為」を未然に防止し、安全保障を確保するためには、「振興措置」や「規制措置」といった「経済活動に関する施策」を講ずることが有効である。

他方、「経済活動に関して行われる国家及び国民の安全を害する行為」は多岐にわたること、そして経済活動は原則自由であることを踏まえれば、それぞれの経済施策を一体的に、かつ合理的なものとする必要がある。

このような観点から、『経済安全保障推進法』の第一章では、この法律の目的に加え、新たに創設する四つの制度を含む「安全保障の確保に関する経済施策」を総合的かつ効果的に推進するための『基本方針』を策定すること、この法律に基づく規制措置は、「経済活動に与える影響を考慮し、安全保障を確保するため合理的に必要と認められる限度において行わなければならない」ことなどを規定している。

第二章から第五章までは、新たに創設する四つの制度の具体的内容を規定している。それぞれの内容の詳細については後記するが、概要は次の通りである。

第二章に規定する「特定重要物資の安定的な供給の確保に関する制度」は、いわゆる「サプライチェーンの強靱化」の枠組みであり、政府が安定供給確保を図る必要がある「特定重要物資」を指定したうえで、民間事業者による特定重要物資の安定供給確保のための取組を支援するとともに、民間への支援では特定重要物資の安定供給確保が困難と認めるときは、政府が必要な措置を講ずるとするものである。

第三章に規定する「特定社会基盤役務の安定的な提供の確保に関する制度」は、国民生活および経済活動の基盤となる特定の役務の安定的な提供を確保するため、これを妨害する行為の手段として使用されるおそれのある重要な設備などを審査することとするものである。

第四章に規定する「特定重要技術の開発支援に関する制度」は、先端的な技術のうち、外部に不当に利用するなどされた場合に国家および国民の安全を損なう事態を生じるおそれがあるものについて、研究開発の促進とその成果の適切な活用を図るため、官民連携を通じた伴走支援のための協議会の仕組みの創設や、基金の指定、調査研究などの措置を講ずることとするものである。

第五章に規定する「特許出願の非公開に関する制度」は、公にすることによって国家および国民の安全を損なう事態を生じるおそれが大きい発明の特許出願につき、出願公開などの手続きを留保し、発明の開示や実施を制限することを可能とするものである。

この他、第六章では制度の主務大臣などの雑則、第七章では罰則の規定を置いている。

同法によって新設された四つの制度の内容と進捗《しんちょく》状況については、第二章から第七章まで順次、記していく。

世界に例を見ない『経済安全保障推進法』

実は日本の『経済安全保障推進法』のように「経済安全保障」に関して幅広く定めた法律

を整えた国は世界に例を見ないことから、諸外国の首相や閣僚が来日した際には、法律の内容を尋ねられることが多い。

みな熱心にメモを取りながら、私の説明を聴いておられる。

また、経済安全保障を担当する専任大臣を置いている国もないと聞いていた。そのため、私には同盟国・同志国における直接のカウンターパートとなる大臣はいなかったので、案件ごとに各国の所管大臣と会談を行ってきた。

ようやく二〇二三年四月から、英国では副首相が経済安全保障政策全般の責任者になられたということで、二〇二四年三月二一日に来日中だったオリバー・ダウデン副首相と会談することができた。

以上の二点は、日本人が誇っても良いことだと思う。

本書では、「日本の経済安全保障」の全容を知っていただくべく、順次、『経済安全保障推進法』『重要経済安保情報保護活用法』をはじめ現行法制度の内容と、残された課題について記していく。

法制度の解説など堅苦しい記述もあることから、ご多用な読者の方々には、まず第一章、第三章、第六章、第八章、第九章、第一〇章からお読みいただければと思う。

第1章

「経済安全保障」——日本と世界の動向

総務大臣として驚愕したサプライチェーンの脆弱性

新型コロナウイルス感染症が中国で確認されたのは二〇一九年一二月だったそうだが、日本国内で初めて感染患者が確認されたのは二〇二〇年一月だった。

特にコロナ禍が始まったばかりの二〇二〇年前半の日本では、マスク、消毒液、麻酔薬、医療用ガウン、人工呼吸器、注射器、半導体などの不足が深刻だった。

当時の私は、安倍内閣の総務大臣だったが、連日、官邸で開催される対策本部会議に出席しながら、日本のサプライチェーンの脆弱性《ぜいじやくせい》に愕然《がくぜん》としていた。

他方、米国では、二〇二〇年三月に当時のドナルド・トランプ大統領が、自動車大手のGM（ゼネラルモーターズ）に対して人工呼吸器の製造を命じた。

二〇二一年には、ジョー・バイデン大統領が、医薬品メーカーであるメルクの工場をライバル企業であるJ&J（ジョンソン・エンド・ジョンソン）のワクチン生産に転用し、米国内のワクチン生産を加速させた。このとき米国政府は、メルクがワクチン生産や瓶詰めの設備を導入できるよう、一億五〇〇〇万ドルを投じた。

二人の大統領がコロナ禍で必要な物資の生産と調達を可能にするために活用した根拠法は、『DPA（Defense Production Act of 1950: 国防生産法）』だった。

同法は、朝鮮戦争下で制定されたもので、政府に対し、緊急時に産業界を直接統制できる権限を付与している。制定後、五〇回以上の改正・延長を経て、現在、効力を有するのは三つの編（第一編、第三編、第七編）だ。

第一編「優先と配分」は、「大統領が、人々（法人や事業体を含む）に対して、国防のために必要な資源・サービスに係る契約を優先し、かつ受諾・実施するよう要求し、また、大統領が国防に必要とみなす範囲で、資源・サービス・機能を配分する権限を与える」ものだ。

第三編「生産能力と供給の拡大」は、「大統領が、国内の産業基盤に対し、重要な資源や物品の生産と供給を拡大するようにインセンティブを与える権限を与える。インセンティブの方策としては、融資、融資保証、直接購入、購入約束、民間産業施設に対する設備の調達・導入など」としている。

第七編「一般規定」は、大統領が持つその他の個別の権限などを規定しており、「国家安全保障上の脅威を及ぼすような外国企業による企業合併や買収を阻止する権限」も含まれる。

英国は、二〇二〇年六月、新型コロナ危機対応のための暫定措置（公衆衛生の緊急時）として、『企業法』に、「感染症対策に直接関与する企業が買収に直面した際、政府が介入する権限」を付与する改正を行った。

サプライチェーン強靭化で確実に前進する日本

二〇二〇年当時の私は、日本の法律では、経済の異常な事態が起こらない限り、つまり『国民生活安定緊急措置法』の第一四条と第一五条による対応は可能であるものの、民間企業に対して特定の製品を作ることや国内で生産することを強制することはできない、と落胆していた。法律の専門家によると、日本国憲法第二二条が規定する「職業選択の自由」を根拠に「営業の自由」が保障されているからだということだった。

コロナ禍においては、その後、日本国内の多くの事業者がマスクや消毒液の生産を始めてくださり、徐々に安定供給が確保できるようになった。

しかし、私は、大規模災害や戦争や感染症が発生したときなどの緊急時に備え、生活や医療や産業に必要な物資の国内生産・調達を可能にする施策を確立することが必要だと考えた。そのため翌二〇二一年九月、自民党総裁選挙立候補時に公約集として刊行した著書には、「生産協力企業への国費支援策の具体化」「研究開発拠点・生産拠点の国内回帰を促《うなが》す税財政支援策の構築」「基礎的原材料の確保」「医薬品の研究開発への大規模投資」などに早急に着手すべきだと記した。

また二〇一一年から二〇一二年にかけて、行き過ぎた円高により企業の海外移転が進み、国内の有効求人倍率が悪化していたことから、「為替《かわせ》変動に強い経済構造の構築」を訴えたが、自民党が野党だった時期でもあり、有効な施策を構築するまでに至らなかった。

結果的に時間はかかったものの、安倍内閣、菅内閣、岸田内閣、そして自民党の熱心な取組によって、二〇二二年五月一一日、『経済安全保障推進法』が成立した。そして二〇二三年からは、同法で新設したサプライチェーン強靱化のための制度に基づく取組が本格的に動き始めた。

二〇二二年二月二四日にロシアがウクライナ侵略を始めて以降、両国から食料、エネルギー資源などを輸入していた各国が、サプライチェーンの課題に直面した。

さらに二〇二二年から二〇二四年にかけては、国際社会において「経済的威圧」が問題化した。重要な鉱物や薬品の原材料などを特定少数国に依存することのリスクが顕在化《けんざいか》し、主要先進国は、その危うさを再認識することになった。

また、第三章に記すが、近年は「供給網における人権問題」や「環境問題による操業停止や不買運動」などにも十分に配慮しなければ、主な供給国からの供給が途絶《とぜつ》するリスクもある。

絶好の……というよりはギリギリのタイミングだったが、サプライチェーンの強靱化に必要な法制度を整備し、対策を開始している日本は、確実に前進している。

約一四秒に一回、サイバー攻撃を受けている

世界的に、サイバーセキュリティの強化は、経済安全保障の重要な課題になっている。私達が受けているサイバー攻撃数をイメージしていただくために、NICT（National Institute of information and Communications Technology：国立研究開発法人　情報通信研究機構）のNICTER（サイバー攻撃観測・分析・対策システム）が観測した最新のデータを紹介する。

NICTのダークネット観測網は、約九割が日本国内のIPアドレス、約一割が海外のIPアドレスで観測している。その一つのIPアドレス（IPアドレスが付与されているルーターやWEBカメラなどIoT機器等）当たりのサイバー攻撃関連通信のパケット受信数を、五年ごとに比較してみた。

二〇一三年は、一つのIPアドレス当たり一年間で約六・四万パケット、一日で約一七五パケット、約八・三分に一回の攻撃だった。

二〇一八年は、一つのIPアドレス当たり一年間で約八〇・七万パケット、一日で約二二一一パケット、約三九秒に一回の攻撃だった。

二〇二三年は、一つのＩＰアドレス当たり一年間で約二二六万パケット、一日で約六一九二パケット、約一四秒に一回の攻撃を受けている。

ということは、二〇一八年は二〇一三年の約一三倍に増えており、二〇二三年は二〇一八年の約二・八倍に増えていることになる。

この観測では、無差別型サイバー攻撃の大局的な傾向を把握することが可能だが、外国Ａから日本への攻撃も、外国Ａから外国Ｂへの攻撃も含まれている。

日本が受けているサイバー攻撃数の推移を見るために有効なのは、ＮＩＣＴが観測しているＤＲＤｏＳ（Distributed Reflection Denial of Service）攻撃のデータだと思う。

ＤＲＤｏＳ攻撃は主要なサイバー攻撃の一つ。インターネット上のＤＮＳやＮＴＰ等のサーバを通信の増幅器として悪用し、攻撃対象に大量のパケットを送付するＤＤｏＳ攻撃の一種で、特定サイトなどに対する主要な攻撃手段だ。

ＮＩＣＴでは、ＤＲＤｏＳ攻撃を観測するハニーポット（不正アクセスで攻撃されることを前提として設置される罠《わな》のようなネットワークシステム）であるＡｍｐＰｏＴというツールを九台使って観測している。

二〇二三年の一年間、累計で約五五六一万件、一日平均で約一五万件の攻撃を観測した。そのうち日本宛《あて》の攻撃（海外⇒日本、ならびに日本⇒日本の攻撃数を合計）は、一年間で約八九六万件、一日平均で約二・四万件だった。

また二〇二〇年の一年間の累計は約三一二〇万件、一日平均で約八・五万件の攻撃を観測した。そのうち日本宛の攻撃は、一年間で約二四万件、一日平均で約六六六件だった。

つまり、三年間で日本宛の攻撃が急増していることが分かる。

また、NISC（National Center of Incident Readiness and Strategy for Cybersecurity：内閣サイバーセキュリティセンター）によると、二〇二三年度の速報値だが、「重要インフラへのサイバー攻撃インシデント」が一二三件あったということだ。

ただし、これは重要インフラ事業者から政府に報告があった件数だ。攻撃を受けたこと自体に気づいていないケースや風評被害をおそれて報告をしないケースもあるだろうと考えれば、実際にはもっと多かったのかもしれない。

背景に中国人民解放軍

近年、国内で被害が発生したサイバー攻撃の一部を紹介する。

二〇二一年四月にJAXA（国立研究開発法人宇宙航空研究開発機構）をはじめとする国内企業等へのサイバー攻撃を実行した集団の背景に、中国人民解放軍が関与している可能性が高いということを、同年九月九日に警察庁が公表した。

二〇二二年三月には、トヨタの国内仕入れ先である小島プレス工業株式会社において、不正アクセスに伴うシステム障害が発生。この影響によってトヨタは、国内の全一四工場のうち二八ラインの稼働を停止した。

医療分野では、二〇二一年一〇月、徳島県つるぎ町立半田病院がランサムウェア（身代金要求型ウイルス）を用いたサイバー攻撃を受け、約八万五〇〇〇人分の電子カルテのデータが暗号化された。結果、救急や新規患者の受入れを中止するなどの被害が発生。二〇二二年六月には、徳島県鳴門《なると》市の鳴門山上《やまかみ》病院の電子カルテと院内ＬＡＮシステムが使用できなくなった。

この二件の攻撃者については明らかになっており、二〇二四年二月二〇日に、ユーロポール（欧州警察機構）と日米英仏豪などの警察機関の共同捜査によって、国際サイバー犯罪集団「ロックビット」の主要メンバーが逮捕されたことが発表されている。

二〇二二年一〇月には大阪急性期・総合医療センターもランサムウェアを用いたサイバー攻撃を受け、ファイルが暗号化されて、電子カルテが使用不能となった。厚生労働省が派遣した初動対応支援チームの調査によると、感染経路については、院外調理を委託していた給食事業者に設置されたＶＰＮ装置を経由した可能性が高いということだった。同医療センターは、近隣の病院九四カ所宛に「通常診療不可・転院受け入れ等協力要請」を送り、一一月からは小児救急診療など一部の受け入れを再開したが、診療体制が完全復旧したのは、二〇二三年一月だった。

二〇二三年七月には、福岡徳洲会《とくしゅうかい》病院が不正アクセスを受け、データベースに保存されている個人情報および患者情報が外部から閲覧《えつらん》可能な状態になっていた旨《むね》を公表した。漏洩《ろうえい》した可能性のある情報は、患者情報（氏名・住所・生年月日・投薬内容・病名・検査値）最大四万八九八三件の他、職員・学生・研修生の情報だった。

港湾分野では、二〇二三年七月四日の早朝、名古屋港運協会が、NUTS（名古屋港統一ターミナルシステム）に障害が発生し、名古屋港全ターミナルの作業を停止したと発表した。NUTSは、名古屋港の五つのコンテナターミナルにおけるコンテナの積み下ろし作業や搬入・搬出等を一元的に管理するシステムだ。障害の原因としては、リモート機器の脆弱性を突いた不正アクセスによりランサムウェアに感染し、データセンター内のNUTSの全サーバが暗号化された可能性があるということだった。そして全ターミナルで作業を再開できたのは、七月六日の一八時だった。

こうして約二日半にわたり港湾機能が喪失したことにより、三七隻の船舶の荷役スケジュールと推計約二万本のコンテナの搬入・搬出に影響が生じ、物流は大混乱に陥《おちい》った。結果、自動車メーカーの拠点で稼働停止が生じるなどの影響も出た。

このときNUTSシステム専用のプリンターから、国際サイバー犯罪集団「ロックビット」の名前が記された脅迫文書が印刷されたという。

政府・行政サービス分野では、二〇二三年四月、株式会社フューチャーインが約九〇の自治体に提供している議会関連WEBサービスのサーバが不正アクセスを受け、同社は一時的にサービスを停止した。

二〇二三年六月には、鹿児島県志布志《しぶし》市のふるさと納税特設サイトが不正アクセスを受け、クレジットカード情報九一〇件が漏洩した可能性があることを、同市が公表。調査の結果、同年七月、同サイトにおいて会員登録を行った者および当サイトを通じて同市に寄附をした者のうち最大で二二八〇人の個人情報が漏洩したおそれがある旨を公表した。

保険分野では、二〇二三年一月、アフラック生命保険とチューリッヒ保険の二社が、顧客情報の一部流出を公表した。二社とも、同じ米国の事業者に外部委託していた。チューリッヒ保険によると、外部委託事業者が、二〇二二年の年末に新たに構築したサーバを適切なセキュリティ対策を講じない状態で設置した結果、二〇二三年一月六日から八日にかけて不正アクセス者が当該サーバからデータを盗み、一月八日から九日にかけてダークウェブにデータを掲載したということだった。

情報通信分野では、二〇二〇年五月、NTTコミュニケーションズに対する不正アクセスによって、社内に保存されていたファイルが閲覧された可能性があることが分かった。調査の結果、まず海外拠点への攻撃および侵入を起点とした不正アクセスが明らかになったが、その後、社内のＢＹＯＤ端末による不正アクセスも発覚し、同社は今後の対応や対策を発表した。

また二〇二三年九月には、ＮＨＫの放送センター業務用サーバ機器が外部からの不正アクセスを受け、従業員などの個人情報が漏洩したおそれがある旨を公表した。これらの個人情報は、二万三四三五人の氏名やメールアドレスなどだった。

石油パイプラインや警察・消防まで被害に

次に、海外で被害が発生したサイバー攻撃について、ご紹介する。

医療分野では、二〇二〇年九月、ドイツのデュッセルドルフ大学病院に対するランサムウェア攻撃によって、患者一名が死亡する事態に及んだと報道された。

同じく二〇二〇年九月、米国ニュージャージー州の大学病院がランサムウェア攻撃を受け、身代金六七万ドルを支払った。

同月には、米国医療サービス大手Ｕｎｉｖｅｒｓａｌ Ｈｅａｌｔｈ Ｓｅｒｖｉｃｅｓもランサムウェア攻撃を受け、米国各地の医療施設のシステムが停止した。

またフランスでは、二〇二二年八月、エッソンヌ県の病院がサイバー攻撃を受け、診療予約やカルテが見られなくなり、ＭＲＩやレントゲンの画像の保存にも支障をきたした。そのためカルテや処方箋《しょほうせん》などのデータも、すべて手書きで対応せざるを得なくなった。そして同病院では緊急手術だけを行い、その他の手術や治療は、他病院へ患者を誘導あるいは延期を余儀なくされた。

途轍《とてつ》もなく規模が大きい被害もある。二〇二三年七月、米国を本拠とし、米国および英国の医療施設を運営するＨＣＡ ＨＥＡＬＴＨＣＡＲＥが、推定一一〇〇万人の個人情報をハッキングフォーラムに公開されてしまったのだ。漏洩した情報は、患者の氏名、居住市・州、郵便番号、メールアドレス、生年月日、電話番号などだった。唯一の救いは臨床情報や口座情報などが含まれていないということだった。

水道分野では、二〇二〇年四月、イスラエルの水道施設がサイバー攻撃によって一時停止した。このときイスラエル国家サイバー総局は、実生活へ損害を及ぼすためのサイバー攻撃としては初のケースだったとした。

石油分野では、二〇二一年五月、米国石油パイプライン大手のコロニアル・パイプラインがランサムウェアによるサイバー攻撃を受け、操業を停止。ＦＢＩ（米国連邦捜査局）は、攻撃を実行したのは「ＤａｒｋＳｉｄｅ」と呼ばれる集団だったと発表した。

金融分野では、二〇二〇年八月中旬以降、世界中の様々な組織で、攻撃者グループ「FancyBear」や「ArmadaCollective」を名乗る攻撃者によるDDoS脅迫キャンペーンが確認されている。

DDoS攻撃の影響により、ニュージーランド証券取引所の取引が、二〇二〇年八月二五日から四日間連続で一時的に停止するなどの被害が発生した。

二〇二二年一〇月には、オーストラリアの民間医療保険大手のメディバンクがシステムに異常なアクティビティを検知。すると攻撃者が、顧客データに対して身代金交渉を希望する旨の連絡をしてきた。攻撃者は二〇〇GBのデータを窃取《せっしゅ》したと主張し、調査の結果、攻撃者は全顧客データおよび大量の健康保険請求データにアクセス可能だったことが判明。メディバンクが身代金を支払わないことを公表したあと、攻撃者は、ダークウェブに顧客データを公開した。

政府・行政サービス分野では、二〇二三年五月、米国テキサス州ダラス市が、ROYALランサムウェアグループによるランサムウェア攻撃を受け、ITシステムの一部を停止した。市警察および消防の通信・ITシステムが停止したと公表したのだ。その結果、ダラス市の地方裁判所が休業したほか、緊急通報システムが停止した警察や消防では、電話や手書きで対応するなどの影響が出て、水道料金のオンライン支払システムや図書館予約システムも停止した。

情報通信分野では、二〇二三年一月、米国携帯キャリアT‐MOBILEが、契約者の個人情報が不正アクセスによって流出したと公表。同社がSEC（証券取引委員会）に提出した適時開示の報告書によると、約三七〇〇万人の契約者の情報が流出したという。同社の発表によると、流出した個人情報は、氏名、住所、メールアドレス、電話番号、誕生日、T‐MOBILEの顧客番号、契約回線数、契約プランの情報などで、犯人は一つのAPI（ソフトウェア同士が情報をやり取りするときに使用されるインターフェース）を通じてデータを不正に取得したという。

またウクライナでは、二〇二二年二月、衛星通信サービス（KA‐SAT）のシステムがサイバー攻撃を受け、通信障害が発生した。このときの通信障害の影響はウクライナ国内に限らず、他国の多数の顧客にまで及んだ。ロシアによるウクライナ侵略が開始されたあとも、マルウェアなどを用いたサイバー攻撃は継続しており、重要インフラ事業者が攻撃対象となる事例も数多く発生している。偽情報を拡散し、社会的動揺を誘う「インフルエンス・オペレーション」も確認されている。

ここまで国内外における二〇二〇年以降のサイバー攻撃で生じた被害の一部を紹介したが、重要インフラに対する二〇一八年以前のサイバー攻撃や、重要インフラ分野別に必要な対策については、二〇一八年末に刊行した拙著『サイバー攻撃から暮らしを守れ!』に詳記した。

日本政府では、NISC(内閣サイバーセキュリティセンター)が情報を収集するとともに、情報システムに対する不正活動の監視・分析や、行政各部におけるサイバーセキュリティの確保に関する助言、情報提供、監査などを行っている。サイバーセキュリティの確保に関する施策の企画、立案、総合調整も担《にな》っている。

近年は、各重要インフラ事業者も、同業者や政府との情報共有や連携を通じて、サイバーセキュリティ対策を強化しつつある。

能動的サイバー防御の法整備が急務

しかし私は、複数の法を改正しなければ、十分なサイバーセキュリティ対策を実施できないと考えている。この点については、自民党サイバーセキュリティ対策本部長として二〇一九年五月一〇日に取りまとめた『第二次提言』に記して、当時の安倍晋三総理に提言した。

同提言には、「アクティブ・ディフェンスの検討」として、それを可能とする法的根拠の必要性についても記したが、これは、いわゆる「ACD(Active Cyber Defense)」すなわち

「能動的サイバー防御」のことだ。

私が所管してきた『経済安全保障推進法』に基づいて対応可能なサイバーセキュリティ対策については、第四章に詳記した。簡単に述べると、「特定社会基盤事業者」に指定された事業者に限定して、重要設備を導入したり維持管理の委託をしたりする際に国が事前審査を行い、役務の安定的な提供が妨害されるおそれが大きい場合には、計画の変更や中止を求めるものだ。ＡＣＤとは関係がない。

ＡＣＤを可能とするためには、少なくとも『電気通信事業法』『不正アクセス禁止法』『刑法』に加え、ＡＣＤについて一元的な権限と責任を担うことになる行政機関の『設置法』など、複数の法律を改正しなくてはならない。

たとえば、平時からサイバー空間を監視し、攻撃者による悪用が疑われるサーバを検知し、大規模サイバー攻撃の兆候があれば攻撃者を特定したうえで相手のサーバに侵入、無害化する。そして、もし攻撃によって重要情報が窃取された場合にはウイルスを仕込んで削除する。こうした技術力も高度人材も必要になるが、いずれも法律に根拠規定を置かなければ実行できない。

まず「攻撃者を特定」するためには、『日本国憲法』第二一条の「通信の秘密は、これを侵《おか》してはならない」という規定がネックになる。情報収集や同志国との情報共有に制約がかからないように、憲法第一二条・第一三条の「公共の福祉」との関係を明確にしなければならない。そのうえで「通信の秘密」を厳格に規定している『電気通信事業法』を改正すべきだ。そもそも『日本国憲法』制定時には、インターネットは存在しなかった。

この点、二〇二四年二月五日の衆議院予算委員会で、内閣法制局長官が以下のように答弁されたことは、法改正に向けて大きく道を拓《ひら》くことになると期待している。

「憲法第二一条二項に規定する通信の秘密ということが中心かと思いますけれども、通信の秘密は、いわゆる自由権的、自然的権利に属するものであるということから最大限に尊重されなければならないものであるということでございますけれども、そのうえで、通信の秘密につきましても、憲法第一二条、第一三条の規定からして、公共の福祉の観点から必要やむを得ない限度において一定の制約に服すべき場合があるというふうに考えております」

仮に攻撃者が、「使用する設備への侵入」や「窃取された情報の削除」を実行したとすると、現行の『不正アクセス禁止法』違反や『刑法』の「ウイルス作成罪」に問われる可能性が高い。ちなみに、ウイルス作成が正当と判断される条件は、研究やセキュリティ診断の目的に限定されている。捜査や反撃のためのウイルス作成は認められていない。

さらに、このような任務を実行する権限を特定の政府機関に付与する『設置法』も必要になる。

ただ残念ながら、ＡＣＤに係る法整備は私の担務ではなかった。二〇二三年九月までは谷公一国家公安委員長の担務であり、その後、河野太郎デジタル大臣の担務となった。両大臣の下《もと》で検討が進められてきたのだと思うが、できる限り早期の法制度整備を心待ちにしてきた。

トランプ大統領がＴｉｋＴｏｋに講じた策

二〇一七年一月、米国では、共和党のトランプ大統領が就任した。

トランプ大統領は、「米国第一主義」(America First)、「米国を再び偉大に」(Make America Great Again) を掲げ、米国製品の購入や米国民の雇用促進を進める方針を打ち出した。

このトランプ政権下では米中関係が緊張の度合いを高め、通商問題や先端技術をめぐる様々な分野で厳しく対峙《たいじ》した。

ＡＩや量子など、民生分野に由来する先端技術が安全保障に大きな影響を及ぼし得るようになるなか、「技術流出防止」の観点から、輸出管理をめぐる施策の応酬ともいえる状況が生まれた。たとえば米国では、二〇一八年八月、『ＦＩＲＲＭＡ（外国投資リスク審査現代化法）』『ＥＣＲＡ（輸出管理改革法）』を含む『二〇一九年ＮＤＡＡ（国防授権法）』が成立した。

この『ＥＣＲＡ』によって、「新興技術や基盤技術を対象とした規制」「ＥＮＴＩＴＹ ＬＩＳＴ（商務省の貿易制限リスト）の活用」「軍事エンドユース規制の見直し」などの施策が講じられるようになった。「輸出規制の強化」「対米投資の事前審査強化（機微技術や重要インフラに関する投資）」「政府調達規制の導入」「研究セキュリティの強化」などを含んでいる。

また米国は、政府調達からファーウェイなど中国大手通信機器企業の製品を排除する措置を取った。

二〇二〇年八月には、トランプ大統領が、ＴｉｋＴｏｋを運営する中国のバイトダンスに対して、国家安全保障上の懸念を理由に、九〇日以内にＴｉｋＴｏｋの米国事業に関するすべての資産および権利の売却を命じる『大統領令（Executive Order）』に署名した。

この『大統領令』は、『ＤＰＡ（Defense Production Act of 1950：国防生産法）』第七二一条に規定する「国家安全保障の脅威とみなす取引」を制限する大統領権限に基づき、発出されたものである。

その目的は、中国のバイトダンスが二〇一七年に行った米動画アプリ企業ｍｕｓｉｃａｌ・ｌｙの買収や、買収に起因する取引を禁止することだ。バイトダンス社は、ｍｕｓｉ cal・lyを買収することにより、TikTokを、米国を含む世界各国の市場に急拡大させていた。

CFIUS（対米外国投資委員会）は、外国企業による合併や買収等について、主に国家安全保障の観点から調査する米国政府の省庁間委員会だ。財務長官が議長を務め、国防総省、国務省、司法省、国土安全保障省、商務省などから構成されている。

本件では、措置の完了まで、バイトダンスに対して立入検査を含むあらゆる措置を取ることができるほか、措置完了の監査権限や、TikTok米国事業の売却先を承認する権限を有するとされた。

一方の中国も、二〇二〇年に『輸出管理法』を施行し、再輸出規制や域外適用を含めた強力な規制を行うことを示した。

ここでは輸出管理措置によって中国の安全と利益を損なった場合の報復措置までも規定しており、米国への対抗措置として、また他国への影響力行使の手段としての性格が強くなっている。

共和党政権も民主党政権も強く警戒する中国

二〇二一年一月、米国では、民主党のバイデン大統領が就任した。

翌二〇二二年八月には、いわゆる『CHIPSプラス法』が成立し、五年間で連邦政府機関の基礎研究費に約二〇〇〇億ドル、国内の半導体製造能力の強化に約五二七億ドルを充《あ》てることが決定された。これも中国との競争を見据《みす》えたものだといわれている。

同法は、トランプ政権時に成立した『NDAA(国防授権法)』に端を発するものだ。

二〇二二年一一月二五日、FCC(米国連邦通信委員会)は、安全保障上の脅威となり得る通信機器について、米国内への輸入や販売に関する認証を禁止する『行政命令』を発表した。

このFCCは、米国内で使用される無線周波数機器が無線通信に有害な影響を及ぼさないよう、販売や輸入の前に、技術的要求を満たしているかどうか認証を行う権限を有するので、つまり実質的に販売禁止ということだ。

発表された認証禁止対象機器は、「ファーウェイとZTE(これらの子会社・関連会社を含む)が製造した通信機器とビデオ監視機器」「ハイテラ、ハイクビジョン、ダーファ(これらの子会社・関連会社を含む)が製造した通信機器とビデオ監視機器」だった。

二〇二四年四月二三日には、中国発の動画共有アプリTikTokを規制する内容を含む法律案を、米国連邦議会上院が賛成多数で可決し、翌四月二四日にはバイデン大統領が署名し、同法は成立した。

この『外国敵対勢力が管理するアプリから米国人を保護する法』（H・R・815のDivision H）は、敵対国（合衆国法典第一〇編第四八七二条（D）（二）で指定される中国、ロシア、イラン、北朝鮮の四カ国）に本社や主な事業所を有する企業が運営するアプリや、敵対国の外国人が直接的・間接的に所有する企業が運営するアプリなどが対象となる。

条文では、具体的に、TikTokと親会社のバイトダンスを明示している。

成立から二七〇日後（適切に分割される見込みや重要な進展が確認された場合には、最大九〇日間の延長が一回に限り認められる）に、米国内でのこれらアプリ・サービスの提供、維持、更新などを禁止し、違反した場合には民事罰や司法当局の強制執行の対象とする。

ただし、敵対国の企業などによる運営から適切に分割（Qualified Divestiture）されれば、アプリ・サービスの提供などは引き続き認められる。

他方、TikTokを禁止することは、合衆国憲法修正第一条で保障される「言論の自由」との関係で乗り越えられない可能性が高いという指摘もあり、実際に米国内でTikTokが禁止されるか、米国企業に売却されたり分割されたりするかについては不透明である。

近年の米国においては、共和党政権でも民主党政権でも、中国への強い警戒感は変わっていないことが分かる。

注目すべきことは、これらの米中の応酬ともいえる「技術流出防止」「サイバーセキュリティ対策」「サプライチェーンの強靱化」に係る措置は、いずれも「国家の安全保障」を目的としたものだと説明されていることだ。

つまり安全保障のために、このような経済的な措置を講じることが注目されているのだ。ゆえに日本政府が取り組む「経済安全保障」の重要性は、国際的な共通認識となっているといえよう。

米国でCFIUSが担っている役割については、日本では主に財務省や経済産業省が対応しているが、また内閣府、総務省、文部科学省、厚生労働省、農林水産省、国土交通省、環境省も関係している。対日投資についても、国家安全保障や経済安全保障の観点から、十分にチェックできる体制を強化していかなければならないと考える。

第2章

サプライチェーンの強靱化

策定された『安定供給確保基本指針』

日本は、「自由で開かれた経済」を原則として、民間主体による自由な経済活動を促進することにより、経済発展を享受《きょうじゅ》してきた。

他方、近年の国際情勢は複雑化し、社会や経済の構造も変化した。それに伴い、重要な物資を他国に依存することによるリスク、すなわち供給が途絶《とぜつ》する可能性が、世界各国で顕在化《けんざいか》している。

また、近年の科学技術の急速な発展が、社会や経済の活動、あるいは産業構造に大きな変革をもたらし、重要な物資のサプライチェーンに根本的な変化を引き起こす可能性も出てきている。

このような状況下、『経済安全保障推進法』に基づき、供給が途絶したときに我が国に甚大《じんだい》な影響を及ぼし得る物資の安定的な供給を確保するため、総合的に措置を講ずる制度が創設された。

同法の第二章では「特定重要物資の安定的な供給の確保」に関する諸規定を置いている。以下がその制度の基本的な仕組みとなる。

まず、「特定重要物資」（後記）の安定的な供給を確保するための施策が適切かつ統一的なものとなるよう、政府は『特定重要物資の安定的な供給の確保に関する基本指針』（以下『安定供給確保基本指針』）を策定する旨《むね》を規定した。

私が経済安全保障担当大臣に就任した翌月の二〇二二年九月三〇日には、この規定に基づく『安定供給確保基本指針』が閣議決定された。

同指針には「制度の背景」のほか、「安定供給確保の基本的な方向に関する事項」（関係行政機関の連携など）、「国が実施する施策に関する事項」（物資の施策に応じた安定供給確保の取組についての考え方、重要な物資のサプライチェーンを調査することなど）、「特定重要物資の指定に関する事項」（後記する指定の要件の具体的な考え方）、「重要な物資を所管する大臣が『安定供給確保取組方針』を作成する際の基準となるべき事項」「安定供給確保に当たって配慮すべき事項」などを記載した。

「特定重要物資」たる四つの条件

では、前記した「特定重要物資」とは何か。

「特定重要物資」は『経済安全保障推進法』第七条に定義されているが、「特に安定供給確保を図る必要がある物資」であり、次の四つの要件をすべて満たすものである。

①「重要性」

物資が、国民の生存に必要不可欠、または広く国民生活もしくは経済活動が依拠《いきょ》している重要物資であることを指す。

「国民の生存に必要不可欠」とは、その物資の供給が途絶などすると、国民の生存に直接的な影響が生じるものを指す。

「広く国民生活もしくは経済活動が依拠」している重要な物資とは、国民の大多数に普及していたり、様々な産業に組み込まれていたりして、当該物資が利用できなくなったときに多大な支障が生じ、その支障を回避するための経済合理的な代替品もないものを指す。

②「外部依存性」

物資またはその生産に必要な原材料等が、外部に過度に依存し、または依存するおそれがあるものであることを指す。

「外部に過度に依存する物資」とは、供給が特定の少数国や地域に偏《かたよ》っており、当該の国や地域からの供給の途絶等が発生した場合に甚大な影響が生じ得るものをいう。

また「依存するおそれがある」とは、社会経済構造の変化や技術革新の動向、我が国および諸外国・地域における産業戦略や科学技術戦略などを踏まえ、我が国が措置を講じなければ将来的な外部依存のリスクの蓋然性《がいぜんせい》が認められるものをいう。

③「外部から行われる行為による供給途絶の蓋然性」

外部から行われる行為により供給途絶が発生し、国民の生存や国民生活・経済活動に甚大な影響を及ぼす可能性を評価し、その蓋然性が認められることをいう。

④「この制度により安定供給確保のための措置を講ずる必要性」

すでに他の制度によって措置が講じられている場合には、この制度により措置を講ずる必要性は小さい。

つまり、米や麦の安定供給確保ならば農林水産省所管の『食糧法』で対応可能だということになり、『経済安全保障推進法』の対象ではない。ただし、農業に必要な「肥料」の原料は海外依存度が極めて高く、その安定供給の確保は『経済安全保障推進法』の対象となる。

この制度により措置を講ずる優先度が高く、特にその必要性が認められる場合としては、たとえば次のような場合がある。

Ⓐ国民の生存に不可欠、または基幹的な役割を果たすインフラ機能の維持に与える影響

が顕著だと考えられる物資のうち、近年、供給の途絶が発生し、あるいはそのリスクが高まる傾向が見られるなど、早急に措置を講じる必要がある場合

Ⓑ中長期的な社会経済構造の変化や技術革新の動向を踏まえ、将来にわたって重要性や成長性が見込まれるなどの戦略的な重要性があることや、我が国および諸外国・地域における産業戦略や科学技術戦略での位置づけ、民間の研究開発や投資の動向などを総合的に勘案し、たとえば国際環境の変化などを受け、諸外国・地域で物資の囲い込みが行われるリスクが高まっていたり、集中的な支援が検討されていたりするなど、早急に措置を講ずる必要があると考えられる場合

以上の四要件を満たすものに絞り込み、『政令』で「特定重要物資」として指定することとしている。『政令』で指定する場合には、閣議決定が必要となる。

事業者の計画を認定したあと支援措置を

「特定重要物資」については、その物資の生産や輸入または販売の事業を所管する省庁の大臣（以下「物資所管大臣」）が、二〇二二年九月三〇日に閣議決定した『安定供給確保基本指針』に基づき、それぞれの物資の特性を踏まえながら、その物資または物資の生産に必

要な原材料等（原材料、部品、設備、機器、装置、プログラム）についての『安定供給確保を図るための取組方針』（以下『安定供給確保取組方針』）を、物資ごとに定めることとしている。物資所管大臣が定める『安定供給確保取組方針』は、民間事業者が安定供給確保に向けた取組を進めるときの予見性を確保するために必要だ。

この『安定供給確保取組方針』では、対象となる「個別の特定重要物資」または「その生産に必要な原材料等」の安定供給確保のための取組の基本的な方向に関する事項（物資を取り巻く現状認識や特定重要物資の要件該当性など）、取組の内容や期間・期限（後記する『供給確保計画』の認定要件）、安定供給確保支援法人または安定供給確保支援独立行政法人が果たすべき役割に関する事項（安定供給確保支援業務に関する基本的な考え方など）等を記載することとしている。

民間事業者など「特定重要物資等の安定供給確保を図ろうとする者」は、『安定供給確保取組方針』に基づき、『供給確保計画』（実施しようとする取組に関する計画）を作成し、物資所管大臣に提出して、その認定を受けることができる。

事業者などが作成する『供給確保計画』には、「取組の具体的な内容」や「実施期間・期限」「実施体制」の他、「取組を円滑かつ確実に実施するために行う措置」（たとえば、需給逼《ひっ》迫《ぱく》の際の具体的な対応）などの記載を求めることとしている。

物資所管大臣は、提出された『供給確保計画』の内容および実施期間又は期限が『安定供給確保取組方針』に照らし適切であるか、実施体制・資金調達等が適切であるか、取組を円滑かつ確実に実施するための措置が講じられると見込まれるかなどの基準に適合するかを判断し、適合するときは『供給確保計画』の認定を行う。

安定供給確保のための実際の取組としては、大きく分けて次の二つのタイプの取組が想定されている。

①「生産基盤の整備」「供給源の多様化」「備蓄」「生産技術の導入・開発・改良」などの「サプライチェーンを強靭化《きょうじんか》するための取組」

②「使用の合理化」「代替物資の開発」などの「その物資への依存を低減するための取組」

『供給確保計画』の認定を受けた者は、認定を受けた『供給確保計画』について、「安定供給確保支援法人」または「安定供給確保支援独立行政法人」による助成など（制度上、事業者に融資を行う金融機関への利子補給も可能）の支援を受けることができる。二種の法人と支援の原資については後記する。

また、次の三つの法律の特例による支援を受けることもできる。

まずは『株式会社日本政策金融公庫法』の特例（ツーステップローン）。これは安定供給の確保に取り組む事業者の資金調達が円滑に行われるよう、主務大臣（内閣総理大臣および財務大臣）が申請に基づいて金融機関を「指定金融機関」に指定し、当該「指定金融機関」に日本政策金融公庫が事業者向け資金を貸し付ける枠組みである。

次は『中小企業投資育成株式会社法』の特例。これは中小企業者が認定供給確保事業を行うとき、中小企業投資育成株式会社が株式等を引受けて、資金の供給を行う仕組みである。

最後は『中小企業信用保険法』の特例。これは中小企業者が金融機関から事業資金の借入を行う際、信用保証協会の信用保証を受けやすくする仕組みである。

前記した「安定供給確保支援法人」は、一般社団法人、一般財団法人その他主務省令で定める法人であって、所定の要件を満たすもののなかから、申請に基づいて内閣総理大臣および物資所管大臣が、物資ごとに指定する。

同じく前記した「安定供給確保支援独立行政法人」は、『経済安全保障推進法』の別表に掲げる「ＪＯＧＭＥＣ：独立行政法人エネルギー・金属鉱物資源機構」「ＮＥＤＯ：国立研究開発法人新エネルギー・産業技術総合開発機構」「ＮＩＢＩＯＨＮ：国立研究開発法人医薬基盤・健康・栄養研究所」の三つの独立行政法人のうちから、物資所管大臣が物資ごとに指定する。

物資の安定供給確保を図るに当たっては、取組自体が複数年度にわたり、かつ大規模な施設整備や研究開発など必要な場合は予《あらかじ》め年度ごとの支出額を見通すことが難しい。そのため弾力的な支出が必要となることも多い。

ゆえに、国が予算の範囲内で「安定供給確保支援法人」や「安定供給確保支援独立行政法人」に設ける「基金」に充《あ》てる資金を補助し、当該法人によって支援を行うことができるようにしている。

指定された「特定重要物資」

二〇二二年九月には、各省庁に対し、「サプライチェーン調査」を要請した。この調査結果に基づいて、前記した四要件を満たす「特に安定供給確保を図る必要がある物資」であるか否かを見極めるためだ。

「サプライチェーン調査」とは以下のようなものだ。まず、物資所管省庁が公的統計や業界団体が実施する既存の調査を分析し、そのあと調査すべき範囲や内容を絞り込む。それとともに、民間事業者のご協力を得ながら、サプライチェーン全体の可視化、リスクの把握や分析を行う。

民間事業者からは、原材料の需給の現状や将来の見通し、事業者が抱える調達上の課題など、取組を具体的に検討するために必要な情報を提供していただいている。

そして二〇二二年一二月二三日、閣議決定により『経済安全保障推進法』に基づく『政令』(『経済施策を一体的に講ずることによる安全保障の確保の推進に関する法律施行令』)を制定し、次の一一物資を「特定重要物資」に指定した。

①抗菌性物質製剤
②肥料
③永久磁石
④工作機械・産業用ロボット
⑤航空機の部品
⑥半導体
⑦蓄電池
⑧クラウドプログラム
⑨可燃性天然ガス
⑩重要鉱物(レアメタル、レアアース等)

⑪船舶の部品

これら物資の所管大臣は、①が厚生労働大臣、②が農林水産大臣、③～⑩が経済産業大臣、⑪が国土交通大臣である。

そうして二〇二三年一月までに、四人の物資所管大臣が、物資ごとの『安定供給確保取組方針』を作成した。

また、安定供給を図るべき重要な物資については、さらなる検討を行った。その結果、二〇二四年一月三〇日、新たに「特定重要物資」として「先端電子部品（コンデンサ、高周波フィルタ）」を追加指定するとともに、すでに指定されている「重要鉱物（レアメタル、レアアース等）」に「ウラン」を追加する『政令』を閣議決定し、同年二月二日に公布・施行した。よって、二〇二四年六月現在、「特定重要物資」は一二物資である。

まずは、令和四年度第二次補正予算で、二〇二二年一二月に指定した一一物資の安定供給確保を図るため、計一兆三五八億円を措置した。

さらに令和五年度補正予算では、「半導体」「蓄電池」「クラウドプログラム」「航空機の部品」「工作機械・産業用ロボット」「可燃性天然ガス」「船舶の部品」の七物資に係《かか》る取組を拡充するため、八九六〇億円の予算を措置した。そのうえで、二〇二四年二月に追加指定した「先端電子部品」の安定供給確保を図るための予算として、二一二億円を計上した。また令和六年度当初予算では、「蓄電池」に係る取組の拡充のための予算として、二三〇〇億円を措置した。

政府自ら措置を講ずる場合

『経済安全保障推進法』に基づいたサプライチェーンを強靱化するための制度については、本章で「基本的な仕組み」を紹介した。

これまでに指定した「特定重要物資」に関する認定事業の「支援主体」と「二〇二四年四月時点の認定状況」については、第三章に詳記する。

しかし、『経済安全保障推進法』に規定する民間事業者の取組に対する支援措置では「特定重要物資」の安定供給確保を図ることが困難なとき、物資所管大臣は次のことが可能となる。すなわち当該「特定重要物資」を「安定供給確保のための特別の対策を講ずる必要がある特定重要物資」として指定し、政府自らが、特定重要物資等の安定供給確保に必要な措置を講ずることができるのだ。

たとえば、国際的に生産コストにおける競争が厳しいとき、支援措置を講じたとしても、民間事業者は、自ら生産基盤を整備しようとするインセンティブに乏しい。そうしたケースでは、「特定重要物資」の安定供給が難しいと見込まれれば、政府自らが措置を講ずることも考えられる。

具体的には、「備蓄」「生産設備の所有」「国際連携の推進」「使用節減の働き掛け」などを行うことが想定される。

また、国が備蓄した国民の生存に必要不可欠な物資については、その供給不足によって価格が騰貴《とうき》する場合、騰貴前の標準的な価格で市場に放出することができることとしている。

また特定重要物資等に係る市場環境を整備するため、物資所管大臣は、公正取引委員会に対し、二以上の者から共同申請された『供給確保計画』について意見照会等を行うことができる。

加えて、他国からのダンピングや不適切な市場介入などによって国内産業に被害が生ずる場合もある。そうしたときに物資所轄大臣は、国家および国民の安全を損なう事態を未然に防止する必要があれば、『関税定率法』に規定する調査を求めることが可能だ。

そのほか物資所管大臣は、この制度を施行するために必要な限度において、物資の生産・輸入・販売の事業を行う者に対し、物資の調達および供給の現状やサプライチェーンの抱える課題を把握するための調査を行うこともできる。

第3章

「特定重要物資」それぞれの現状

抗菌性物質製剤（抗菌薬）：厚生労働省

二〇二四年五月末までに『供給確保計画』が認定された「認定事業」の総数は、八五件になった。各事業に、のべ一一四事業者が参加している。

内訳は、抗菌薬に二件、肥料に七件、永久磁石に三件、工作機械・産業用ロボットに五件、航空機の部品に一〇件、半導体に一八件、蓄電池に一五件、クラウドプログラムに一一件、可燃性天然ガスに一件、重要鉱物に二件、船舶の部品に一一件となる。

今後も、こうした「認定事業」は、さらに増えていく見込みだ。

以下、「特定重要物資」の指定に当たっては、物資所管省庁において分析と評価を行っているので、その概要も含めて紹介する。まずは抗菌性物質製剤（抗菌剤）だ。

抗菌性物質製剤は、感染症予防や治療のために不可欠な存在である。その供給が途絶《とぜつ》すると、感染症の治療や必要な手術ができなくなる。

二〇二二年時点の海外依存度を見てみよう。注射用抗菌薬の八五％以上を占めるβ《ベータ》ラクタム系抗菌薬については、ペニシリン系もセフェム系も、無菌化・乾燥・充塡《じゅうてん》など製品化工程は主に日本国内で行われている。しかし原材料や原薬については、採算性などの問題により、中国一カ国からの調達に依存している。

二〇一九年には、中国で製造トラブルが起こり、原材料の供給が途絶した。そのためβラクタム系抗菌薬である「セファゾリン」が欠品した。このとき、一部の医療機関においては手術を延期するなど深刻な事例が報告された。その後、供給が正常化するまでには、約一年を要した。

抗菌性物質製剤について、二〇二四年五月末までの認定事業は、二件だった。支援主体は、国立研究開発法人医薬基盤・健康・栄養研究所（NIBIOHN）だ。

今後は、日本国内で抗菌薬の原材料や原薬を生産する。そして、二〇三〇年までに国内需要の一〇〇％を賄《まかな》えるような生産設備を構築し、原薬の備蓄体制の整備も目指していく。

肥料：農林水産省

肥料は、農作物生産に不可欠だ。供給が途絶すると、農作物の収量の維持が困難となる。しかし肥料の原料については、資源が特定の地域に偏在しており、日本はほとんどを輸入に依存している。二〇二一年秋以降、世界的な穀物需要の増加や紛争の発生といった国際情勢の変化により、原料供給が途絶するリスクが顕在化《けんざいか》している。

ここで二〇二二年時点における肥料の原料の海外依存度を見てみる。

①「尿素」海外依存度：九四％
主な輸入先：マレーシア七七％、中国一二％、サウジアラビア三％
②「リン酸アンモニウム」海外依存度：ほぼ一〇〇％
主な輸入先：中国六二％、モロッコ一六％、米国一〇％
③「塩化カリウム」海外依存度：ほぼ一〇〇％
主な輸入先：カナダ七〇％、イスラエル七％、ドイツ三％

「塩化カリウム」については、ウクライナ情勢によって、ロシアとベラルーシからの調達が困難になった。

肥料については、二〇二四年五月末までの認定事業は七件だった。支援主体は、一般財団法人肥料経済研究所だ。

その支援対象は、輸入代替国の選択肢が狭いリン酸アンモニウムおよび塩化カリウム。国内の年間需要量の三カ月分に相当する肥料原料を恒常的《こうじょうてき》に保有し、原料の需給逼迫《ひっぱく》が生じた場合にも肥料の国内生産を継続し得る体制構築を目指している。

本事業とは別に、地方公共団体や民間事業者によって、下水汚泥《おでい》や家畜の糞《ふん》などを活用した肥料生産の取組も始まっている。輸入した原料に依存しない事業だ。

永久磁石（ネオジム磁石）：経済産業省

永久磁石（ネオジム磁石）は、自動車などの輸送機器、産業機器、風力発電、電子・通信機器、家電など、非常に幅広い用途に用いられるモーターの性能を決定づける基幹部品だ。需要拡大と国際的な競争が進むなか、国内需要に応じた国内生産能力の増強が進まなければ、安定供給が維持できなくなるおそれがある。特に、省エネ性能に優れる永久磁石モーターを供給できなければ、電動車などの製品を製造することができず、国内の様々な産業の生産活動に多大な影響が生じる。

また、原材料であるレアアースを外部に依存していること、市中回収される永久磁石のリサイクルが進んでいないことも課題として挙げられる。

ネオジム磁石の原材料であるレアアースについては、二〇二〇年の数字で中国の世界市場におけるシェアを見ると、「ネオジム」は九一％、「ジスプロシウム」はほぼ一〇〇％だ。世界全体が、中国に大きく依存している。二〇一〇年と二〇一二年には、供給の遅延に伴う生産調整を経験した。

ネオジム磁石そのものについては、世界市場におけるシェアを見ると、二〇二一年で、日本が一五％、中国が八四％となっている。日本は、なかでも高性能磁石の製造能力を保有している。

我が国としては、国内需要量に応じて国内の生産能力を増強し、国際競争力の強化を図らなければならない。今後は、リサイクル能力を増強するとともに、重希土《じゅうきど》フリー磁石を開発することによって、永久磁石の安定的な供給体制を構築していくことが目標だ。

永久磁石について、二〇二四年五月末までの認定事業は、三件だった。支援主体は、国立研究開発法人新エネルギー・産業技術総合開発機構（ＮＥＤＯ）だ。

これらの事業により、省ネオジム磁石の量産化技術の開発と量産設備の整備、ネオジム磁石とサマリウムコバルト磁石の生産設備の増設、研磨加工が不要な重希土類フリー熱間加工磁石の生産能力増強を目指していく。

工作機械・産業用ロボット：経済産業省

工作機械と産業用ロボットの活用が不可欠と想定される工業製品や業種の割合は、製造業の名目ＧＤＰのうち約五割を占めるという二〇二〇年の統計もあり、工業製品の製造プロセスにおいては欠かせないものとなっている。

世界市場における日本メーカーのシェアを見ると、現在も比較的強い分野ではある。

工作機械については、日本、米国、欧州、アジアの上位五社で比較した全世界売上高に占める日本メーカーのシェアは、二〇二〇年で四四％だが、二〇一八年の四八％からは微減している。

産業用ロボットについては、全世界の新規導入台数に占める日本メーカー（国内生産分）のシェアは、二〇二〇年で四五％だが、二〇一一年の五九％からは大きく減少している。

中国が、『中国製造２０２５』の重点分野の一つに「ＣＮＣ工作機械・ロボット」を掲げ、官民一体の取組を進めている（ＣＮＣ《コンピュータ数値制御》については後記する）。企業誘致、買収、技術獲得などによって、急速にキャッチアップしてきているのだ。

また、専用部素材（ボールねじやリニアガイドなど）についても中国の台頭が著《いちじる》しく、さらに汎用《はんよう》部素材である鋳物《いもの》については、国内供給量の過半を中国が占めている。

二〇二一年時点における海外依存度を見てみる。

①「工作機械」海外依存度：二五％

主な輸入先：中国二八％、ドイツ二〇％、タイ一六％

②「産業用ロボット」海外依存度：二％

主な輸入先：中国三六％、デンマーク一四％、台湾一三％

将来にわたって製造業の事業基盤たる工作機械や産業用ロボットの海外依存リスクを低減するため、国内生産能力や技術力を強化し、国際競争力の維持・強化を図るべき局面に来ている。

中国が力を入れているCNCは、Computer Numerical Control（Controller）の略称で、工作機械や産業用ロボットが取るべき動作を数値情報に換算して制御する機能や、そのためのコントローラーを指す。

このような制御関連機器は、工作機械や産業用ロボットの性能を非常に大きく左右する部素材であり、我が国も、DX（デジタルトランスフォーメーション）やCN（カーボンニュートラル）などのメガトレンドを踏まえて、拡大するニーズに対応していかなければならない。

工作機械や産業用ロボットについては、二〇二四年五月末までの認定事業は五件だった。支援主体は、国立研究開発法人新エネルギー・産業技術総合開発機構だ。

これらの事業により、CNC（コンピュータ数値制御）システム、サーボ機構（自動制御装置）、PLC（製造業の機器や設備をコントロールする制御装置）、減速機および基幹部品（ベアリング）の生産設備の増強が進んでいく見込みだ。

航空機の部品（航空機用エンジンおよび機体を構成するもの）：経済産業省

国内外の物流や移動の手段として国民生活や経済活動が広く依拠《いきょ》する航空機の正常で安全な運航を確保するためには、航空機部素材の安定的な供給が必要不可欠だ。

軽量、高強度、高耐熱を実現する高度な素材と製造技術が要求されており、生産設備、工程、品質管理方法など、生産プロセス全体を対象とした安全認証が存在している。

航空機の基幹部品であるのが機体・エンジンの部素材。その大型鍛造品《たんぞうひん》、鋳造品《ちゅうぞうひん》、炭素繊維、ＣＭＣ（セラミック複合体）、スポンジチタンについて、国際情勢の変化を背景に供給が途絶するリスクが高まっているため、早急に措置を講ずる必要がある。

海外依存度を見てみる。

大型鍛造品については、二〇二三年時点では、大部分を欧米に依存している。航空機向け大型鍛造品（五万トン以上）は、日本、米国二社、フランス、ロシア、中国の六社のみが生産能力を有するが、ロシアからの供給は現在、停止している。

鋳造品については、日本の生産体制は脆弱《ぜいじゃく》である一方で、米国内の防衛需要の高まりに伴い、世界的に調達が困難となっている。

炭素繊維については、二〇二三年時点で、日本企業三社で世界シェアの五割を供給しているものの、今後五年間の各国の増設計画により、日本が優位性を失うおそれもある。

ＣＭＣについては、日本は性能面で世界最先端の技術力を持つが、研究開発の段階だ。二〇一七年の数字だが、大部分を米国に依存している。ただし、原料となるＳｉＣ繊維については、世界市場に占める日本のシェアが非常に高く、強みを有する分野だ。

スポンジチタンについては、日本を含め生産能力を有する国が限られているなかで、特定国の供給が困難となるおそれがあるため、日本の生産能力強化が期待されている。

日本は、大型鍛造品および鋳造品の設備投資と認証取得、炭素繊維の生産能力増強のための設備投資、ＣＭＣの設備投資、ＳｉＣ繊維の設備投資と研究開発、スポンジチタンの製造能力を増強する設備投資に取り組んでいく。

航空機の部品について、二〇二四年五月末までの認定事業は一〇件だった。支援主体は、国立研究開発法人新エネルギー・産業技術総合開発機構だ。

これらの事業により、航空機用部品の原料に用いられるニッケル合金やチタン合金のビレット（金属塊《きんぞくかい》）の生産能力の拡大、航空機用の大型鍛造品の溶解工程・鍛造工程に係る生産基盤の整備や生産技術の開発、航空機用の大型鍛造品への検査体制の整備、ＳｉＣ繊維の製造工程に係る生産技術の開発、ＣＭＣの評価工程に係る生産基盤の整備などが進んでいく見込みだ。

半導体：経済産業省

半導体は、あらゆる身近な電子機器に使用され、国民生活や産業に不可欠な物資であるとともに、デジタル社会とグリーン社会を支える重要な基盤でもある。

世界中で需要が増加し、今後も市場は大きく拡大する見込みだが、すでに世界的な供給不足が発生しており、自動車の減産や医療機器の不足など、その影響が主要産業や国民生活に及んでいる。

二〇一八年の海外依存度は七九％で、主な輸入先は、台湾、中国、米国だ。

半導体については、もともとは日本が強みを持っていた。世界市場における日本のシェアは、一九八八年には五〇・三％だった。しかし二〇一九年には、一〇％にまで低下している。

現状においても、従来型の半導体や製造装置、あるいは部素材などについては、我が国が一定の強みを有し、他国から供給を期待されている。

二〇二一年時点の半導体種類別の世界市場における日本のシェアと代表的企業のシェアを見てみる。

パワー半導体は日本が世界に占めるシェアが約三〇％、三菱電機が七・七％（エアコン、鉄道）、富士電機が六・一％（自動車）である。

アナログ半導体は少量多品種生産であり、統一的なシェアを確認することは困難だが、ソニーはCMOSイメージセンサのシェアが四四％で、世界一位である。

また、マイコン半導体における日本のシェアは約二〇％、ルネサスが一七％（自動車）だ。

諸外国は、異次元の半導体支援策を講じ始めている。

米国は、『CHIPSプラス法』を制定し、半導体産業に五二七億ドルもの資金提供を行うとともに、二五％の税額控除をしている。

中国は、二〇一四年以降、基金を通じた半導体産業への大規模投資を実施している。

欧州は、『欧州半導体法』に基づき、四三〇億ユーロ超の官民投資計画を実施中だ。

日本においても早期に支援を講じなければ、さらに外部依存が進む可能性がある。国内における安定供給体制の構築は、経済安全保障の観点からも喫緊《きつきん》の課題だ。

また、黄《おう》リン・誘導品や希ガスなど、海外に大きく依存する原料も存在する。

二〇二〇年の半導体原料の輸入先を見てみる。

まずフッ素（アシッドグレード蛍石《けいせき》）については、中国が九九％、モロッコが一％だ。

黄リンについては、ベトナムが九八％、カザフスタンが二％となる。

『5G促進法』に基づく先端ロジック・メモリ半導体の生産施設整備への支援を行うとともに、『経済安全保障推進法』に基づく支援によって、従来型半導体、半導体製造装置、半導体部素材、半導体原料の製造能力の強化を図っていかなければならない。

半導体について、二〇二四年五月末までの認定事業は一八件だった。支援主体は、国立研究開発法人新エネルギー・産業技術総合開発機構だ。

これらの事業によって、マイコン、パッケージ基板、次世代パッケージ基板、i線およびKrF線露光装置、SiCパワー半導体とSiパワー半導体、パワー半導体の革新部素材として需要拡大が見込まれるSiCウエハとSiCエピウエハ、三〇〇㎜シリコンウエハなどの生産基盤の整備が国内で進んでいく。

さらに、ネオン、クリプトン、キセノン、高純度リン酸の生産基盤の増強、黄リンのリサイクル技術の確立と製造工場の整備、ヘリウムの回収・再利用・備蓄体制の整備も進んでいく見込みだ。

蓄電池：経済産業省

蓄電池は、5G基地局の電源、データセンターのバックアップ電源、IT機器の電源、電動車のバッテリーなどに使われ、今後の電化・デジタル化社会の基盤維持には不可欠なものだ。

今後も市場が大きく拡大する見込みで、蓄電池の供給不足は、主要産業に大きな影響を及ぼす。

車載用蓄電池と定置用蓄電池については、海外メーカーが政府の支援を背景に急速にシェアを拡大しており、日本のシェアは低下している。

世界市場における日本メーカーのシェア（推計）を見てみる。

車載用蓄電池については、二〇一五年には五二％だったが、二〇二〇年には二一％に低下している。

定置用蓄電池については、二〇一六年には二七％だったが、二〇二〇年には五％に低下している。

二〇二一年の蓄電池の海外依存度は、車載用蓄電池が六三％、家庭用蓄電池が八二％と高い。

電池セル・部素材の一部については、日本は高いレベルで開発・製造できる技術を保有しており、安全性や性能面で一定のシェアを有するが、こちらも海外メーカーがコスト面や品質面で猛追しており、多くの部素材で外部依存の傾向が見えている。

さらに、蓄電池市場の拡大に伴い、製造装置の市場も拡大を続けている。

日本の製造装置事業者は高い技術力を有するものの、中小事業者が中心であるため、生産規模の拡大が限られている。ということは、特定国への依存が高まるおそれがある。

今後、蓄電池や部素材および製造装置の生産施設や設備の導入、人材育成、次世代技術の開発、製造・利用における環境整備などを一体的に支援していく必要がある。

蓄電池について、二〇二四年五月末までの認定事業は一五件だった。支援主体は、国立研究開発法人新エネルギー・産業技術総合開発機構だ。

これらの事業によって、定置用・車載用蓄電池の量産、そして、次世代車載用電池、バインダー、塗工セパレータ、HEV用セパレータ、セルケース、セルカバーの生産基盤の整備と生産技術の導入・開発・改良などが進んでいく。また、正極活物質、人造黒鉛系負《ふ》極活物質《きょくかつぶっしつ》、正負極集電体、外装材、バインダー材料、導電助剤、電解液添加剤の生産基盤の整備と生産技術の導入・開発・改良も進んでいく見込みだ。

クラウドプログラム：経済産業省

基盤クラウドプログラムは、クラウドサービスの根幹を支える構成要素だ。いまやクラウドサービスは国民生活に定着しており、今後、官民の基幹システムや社会インフラの領域へと拡大が見込まれる。

我が国のクラウド市場では、米国のメガクラウドベンダー（ＡＷＳ、Ｇｏｏｇｌｅ Ｃｌｏｕｄ、Ａｚｕｒｅ）が提供するサービスが約七〇％を占める。

今後、オンプレミス（サーバ等を自社で保有し運用するシステムの利用形態）からクラウドへの移行が一層進み、海外ベンダーへの依存がさらに高まるおそれがある。

国内に事業基盤を有する事業者は、現時点で、利便性が高く効率的かつ安全なクラウドに必要な基盤クラウドプログラムを十分に開発できていない。将来の基盤クラウドプログラムの開発に必要な電子計算機を利用する環境も限定的であり、課題となっている。

しかし、我が国が重要データを自律的に管理するためには、国内に事業基盤を有する事業者が持続的にクラウドサービスを提供することが不可欠だ。

このクラウドプログラムについて、二〇二四年五月末までの認定事業は一一件だった。支援主体は、国立研究開発法人新エネルギー・産業技術総合開発機構である。

これらの事業によって、量子コンピュータを活用したクラウドプログラムの開発と人材育成、国内各社のデータセンターへのＧＰＵ（画像処理装置、ＡＩ関連の基盤クラウドプログラム開発には、ＧＰＵによる計算資源が必要不可欠）調達と安価での提供、ＡＩ基盤モデルの開発、最先端のＡＩ技術を活用した創薬向けクラウドサービスの提供などが進んでいくことが見込まれる。

可燃性天然ガス：経済産業省

我が国の電力の発電構成の約四〇％、都市ガスの燃料のほぼ全量（二〇二〇年で九二％）をLNGに依存している。LNGの供給が途絶した場合には、国民生活や経済活動に甚大《じんだい》な影響を及ぼす。しかしLNGは、その性質から、石油のように長期間タンクを用いて備蓄することは困難だ。

二〇二一年の天然ガスの海外依存度は、九七・八％だった（ごく一部を国内で産出している）。輸入先は、二〇二二年時点では、オーストラリアが四二・七％、マレーシアが一六・七％、ロシア九・五％だったが、ロシアからの輸入は困難になった。またカタールも供給国である。

その取引は、かつては長期契約が主体だったが、近年はトレーディングが拡大して取引の柔軟性が確保され、市場の活用が進んでいる。

ただ、LNGの需給ギャップが生じ、供給が途絶するリスクが顕在化している。これまで特に冬のLNG調達競争を行ってきたアジアの大需要国に加え、近年の国際情勢によって、LNG調達競争に各国が参入したからだ。

そのため日本も、早急に安定供給を確保する措置を講ずることが必要になった。今後、上流資源開発や国内資源開発に加え、戦略的にＬＮＧの余剰分を確保する取組を支援しなければならない。

可燃性天然ガスについて、二〇二四年五月末までの認定事業は一件だった。支援主体は、独立行政法人エネルギー・金属鉱物資源機構（ＪＯＧＭＥＣ）だ。

この事業により、まずは平時より多くのＬＮＧカーゴを日本に供給できる体制を構築する。平時は他社への販売や自社での引取で処理するが、緊急時には政府が指定する電力・ガス事業者への販売ができる体制も構築する。

重要鉱物（レアメタル、レアアース、ウラン）：経済産業省

重要鉱物には多様な用途があり、それらに経済活動が依拠している。とりわけＣＮ（カーボンニュートラル）に向けて、蓄電池やモーターなどの製造に必要なバッテリーメタル（リチウム、ニッケル、コバルト、黒鉛など）やレアアース（一七種類の元素：希土類《きどるい》の総称）の需要が拡大している。

二〇二一年の貿易統計によると、バッテリーメタルとレアアースの海外依存度は、ほぼ一〇〇％だ。そして以下が、主な輸入先だ。

①「リチウム」：中国五五％、チリ三〇％
②「ニッケル」：インドネシア二八％、フィリピン二六％
③「コバルト」：フィンランド三七％、フィリピン三五％
④「黒鉛（天然黒鉛）」：中国九六％
⑤「マンガン」：南アフリカ四〇％、オーストラリア二〇％
⑥「レアアース」：中国六〇％、ベトナム一六％

中国への依存度が九割を超えている「黒鉛」については、二〇二三年一〇月二〇日、中国商務部が、国家の安全と利益の保護を理由として、黒鉛の輸出管理措置（輸出ライセンスの取得を要する）を発表した。そして、同年一二月一日から新たな輸出管理措置が導入された。

重要鉱物の需要が堅調に伸び続けているなか、諸外国による資源の獲得競争は激化している。巨額投資による海外の資源権益の囲い込みや、サプライチェーンの寡占化《かせんか》に対抗するためには、ＪＯＧＭＥＣのリスクマネー支援も活用した上流資源の確保やレアメタル備蓄制度の活用も必要だろう。製錬工程の多角化も重要だ。

『経済安全保障推進法』に基づく施策では、当面は、蓄電池の原材料となる「バッテリーメタル」（マンガン、ニッケル、コバルト、リチウム、グラファイト）、永久磁石の原材料となる「希土類金属」（ジスプロシウムなど）、半導体等の原材料となるガリウムおよびゲルマニウム、原子力に利用されるウランを対象とする。そして、新たな有望鉱山を発見するための探鉱、鉱物資源を採掘・生産するための鉱山開発、選鉱・精錬《せいれん》施設の建設、鉱物資源生産の高効率化や低コスト化を図るための技術開発に支援を行っていく予定だ。

重要鉱物について、二〇二四年五月末までの認定事業は二件だった。支援主体は、独立行政法人エネルギー・金属鉱物資源機構（JOGMEC）だ。

これらの事業により、リチウムイオンバッテリーのリサイクル工程で製造されるブラックマスからニッケル、コバルト、リチウムを回収・精製するパイロットプラントにおける実証や、カントリーリスクが低い国での鉱山開発などが進んでいく見込みだ。

レアアースについては、別途、私が科学技術政策担当大臣として所管している『第三期戦略的イノベーション創造プログラム（SIP）』（第三期SIPの実施期間は、令和五年度～令和九年度）の課題「海洋安全保障プラットフォームの構築」で取り組んでいる。

内閣府の科学技術・イノベーション推進事務局が担当する『大水深探鉱技術の開発に向けた技術的実証』という事業には、令和五年度補正予算でも、二〇億円を確保した。

まず、日本のEEZ（排他的経済水域）内であり、すでに十分な産業規模のレアアースの資源量が確認されている南鳥島《みなみとりしま》沖の水深六〇〇〇メートルの海底から、レアアース泥を揚《よう》泥《でい》して製錬する実証試験を行い、回収技術を着実に実証する。さらには、産業化に向けた課題の抽出《ちゅうしゅつ》も行う。

実は、前年の令和四年度補正予算を使って揚泥管を作っている最中なのだが、金属資材の需要増などの理由により、製作期間が延びた。揚泥管の完成は二〇二五年八月の見込みとなり、そのためにレアアース泥の引揚げは、少し後倒しになるかもしれない。

令和五年度補正予算では、揚泥の際に必要となる遠隔操作型無人機（ＲＯＶ）を製作することとしている。ＲＯＶは水中を移動して、カメラで現場の状況を確認したり、水深六〇〇〇メートルの海底では、アームを使って作業したりする。

この実証事業に成功したら、安定した国産レアアースの供給体制が実現し、資源安全保障に大きく貢献するものとなる。

日本政府は最終的に、南鳥島を一つの拠点としてレアアースの生産システムを構築することを目指している。そして、将来的な鉱区設定、すなわち国産レアアースの産業化に向けて、着実に取組を進めていきたい。

さらに二〇二四年一月三〇日には、「重要鉱物」に「ウラン」を追加する『政令』を閣議決定した。ウラン鉱は、製錬、転換、濃縮、再転換、燃料加工を経て、発電燃料に用いられる鉱物だ。

我が国は、民生用に必要となる濃縮ウランについては、二〇二二年末時点で、濃縮役務の一〇〇%を国外に依存していた。

このウランの濃縮役務については、二〇二二年末時点の世界シェアを見ると、ロシア企業が三八%、中国企業が一四%、英国・ドイツ・オランダ・米国の多国籍企業が三〇%、フランス企業が一五%、米国企業が三%となっている。

四〇%近くをロシアが担《にな》っているが、ウクライナ情勢の長期化により、ロシアからの調達が困難になっている。現状、濃縮役務の国際的な供給不足が生じ、外部依存リスクや供給途絶リスクが高まっている。

日本では、二〇二三年八月から、国内事業者によるウラン濃縮を再開した。段階的に拡大する予定だ。

濃縮ウランの製錬工程に係る設備の導入や研究開発への支援を通じ、国内で一定程度の濃縮ウランを供給できる体制を構築しなければならない。

同志国の供給能力の動向など国内外の情勢も勘案しつつ、安定的かつ自律的に「国内需要を満たす相当程度」の濃縮ウランを供給することを目指していく。

船舶の部品（ソナー、プロペラ、エンジン）：国土交通省

四方を海に囲まれた我が国は、エネルギーや食料など主要物資の輸入を海上輸送に依存している。貿易量の九九・五％を海上輸送が担い、それが途絶した場合には、国民生活や経済に甚大《じんだい》な影響が及ぶ。

そして自律的な海上輸送を維持するためには、船舶部品の安定的な生産、船舶の安定的な供給や確保が必要となる。

現状は、日本、中国、韓国で、世界の船舶の九〇％以上を建造しており、日本の強い分野である。

船舶の部品についても、日本国内の造船所は、そのすべてを国内事業者から調達できている。ただし、部材調達、人手、設備投資余力などにまつわる事情によって、外国に依存する可能性が高まりつつある。

近年、中国や韓国では、大規模な公的支援が行われている。国際競争のなかで淘汰《とうた》が進み、船舶部品の調達先は限定的となっており、その供給を他国に依存せざるを得なくなるおそれがある。

特に、ソナー（航海用具）、プロペラ（推進器）、エンジン（船舶用機関）は、船舶の設

計・建造と一体的に仕様が決定される基幹的な船舶用機器である。よって、自国で安定的に供給する必要があるのだ。

もし国内で調達できなくなると、有事の際の経済制裁などによって供給が途絶してしまう。また、外部依存度が高くなると、設計・技術情報が海外に流出することになる。

そのため、各船舶部品の製造事業者の製造設備に対して支援を行い、世界の造船市場の動向や変化に基づいて、見込まれる需要増に対応できるようにする必要がある。また、国内需要の全量に対して供給できる生産能力を構築しなければならない。

船舶の部品について、二〇二四年五月末までの認定事業は一一件だった。支援主体は、一般財団法人日本船舶技術研究協会だ。

これらの事業によって、推進器（プロペラ）の成型工程の自動化設備の導入、航海用具（ソナー）の性能を決定づける原材料の生産設備の構築、船舶用機関（エンジン）の性能試験設備の整備、クランクシャフトの生産設備の更新と自動化設備の導入などが進んでいく見込みだ。

先端電子部品（コンデンサ、高周波フィルタ）：経済産業省

二〇二四年一月三〇日、「特定重要物資」に「先端電子部品」を追加する『政令』を閣議決

定した。

「先端電子部品」とは、具体的にはコンデンサと高周波フィルタだが、いずれも多くの電子機器に組み込まれ、経済活動や国民生活にとって不可欠な基幹物資だ。

コンデンサは、電圧安定化やノイズ除去に必要となり、あらゆる電子機器に組み込まれている。たとえばスマートフォンで約一三〇〇個、ＥＶで約一万個を使用する。

データセンター、工作機械・産業用ロボット、防衛装備などに組み込まれるハイエンド品については、日本企業が高い世界シェアを有している。

しかしローエンド品については、日本企業が中国に工場移転を進め、一〇年間で中国生産の比率が約二倍になった。

近年、中国は、大規模な公的支援、外資の誘致・買収、技術獲得に取り組んでいる。そうしてローエンド品で世界シェアを伸ばした。日本では外部依存が高まりつつある状態だ。

二〇二一年時点の世界市場におけるシェア（推計）を見てみる。
①積層セラミックコンデンサ（ローエンド品）：台湾三八％、日本二六％、中国二三％
②フィルムコンデンサ（ローエンド品）：中国七五％、日本一〇％

また高周波フィルタは、特定周波数を抽出するために、通信機能を有するあらゆる電子機器に組み込まれている。

通信インフラ、データセンター、防衛装備などに組み込まれるハイエンド品については、日本企業が優位性を有する。

しかし、ローエンド品については、外資の買収などによる手段で中国企業が世界シェアを伸ばしつつある。

二〇二一年時点の世界市場におけるシェア（推計）を見てみる。

①SAW（表面弾性波）フィルタ：日本四四％、米国三二％、中国一三％、韓国一一％
②BAW（バルク弾性波）フィルタ：米国九六％、日本四％

コンデンサも高周波フィルタも同じだが、破格の条件による企業誘致や人材の引き抜きといった中国の施策によって、ハイエンド品についても中国への工場進出や技術流出が発生している。これでは将来的に優位性を失い、結果、外部依存が進むおそれがある。

今後、先端電子部品や部素材について研究・開発を行うとともに、製造能力や生産効率の向上を図り、ハイエンド品を超える性能を持つ電子部品を国内で量産できるようにしなければならない。

また、国境を越える技術移転への対策も講じなくてはならない。事業者による『供給確保計画』を認定するときに、重要技術へのアクセス管理体制（重要技術の指定・管理、アクセス可能な者の限定、守秘義務誓約など）、取引先企業との秘密保持契約、外国への技術移転対策などについて、確認することとしている。

先端電子部品と同様に技術移転が課題となる「半導体」「蓄電池」「工作機械・産業用ロボット」「航空機の部品」についても同様に、『供給確保計画』を認定するときに技術流出防止措置について確認することとした。

『外国為替及び外国貿易法（外為法《がいためほう》）』の厳格な運用や、その対象について不断の見直しを行うことも必要だ。

特定重要物資の追加手順

これまで、『経済安全保障推進法』に基づき、日本のサプライチェーンを強化すべく、特定重要物資の指定を行って安定供給を確保する取組を進めてきた。

前記した通り、二〇二四年一月三〇日、新たに「先端電子部品」を特定重要物資に追加したほか、すでに特定重要物資に指定している「重要鉱物（レアメタル・レアアース）」に

「ウラン」を追加する『政令』を閣議決定した。

同『政令』の公布日は、同年二月二日で、施行日も同日だった。

このような「特定重要物資」の追加指定の候補については、まずは物資の所管省庁がサプライチェーン調査の結果を踏まえて、有識者会議に提示する。そのうえで、数次にわたるご議論をいただき、賛同のご意見をいただいたものが対象となる。

先端電子部品とウランについても、二〇二三年八月から順次サプライチェーン調査を行い、同年一〇月一六日に開催された分野別検討会合と一一月八日に開催された有識者会議でご議論をいただいた。そして一一月中旬から三〇日間のパブリックコメントを経て、最大一四日間の意見考慮期間を設けた。こうした必要な手順を踏んだうえで、二〇二四年一月三〇日の閣議決定に至っている。

サプライチェーンリスクの再点検の重要性

二〇二三年二月一七日に開催した「第三回経済安全保障重点課題検討会議」(各省庁の局長級が出席)で、私から、「各省庁で、重要な物資のサプライチェーンリスクの再点検と評価を実施していただきたい」旨《むね》を要請した。

各省庁には、「主たる供給国からの供給途絶」「海上輸送ルートからの供給途絶」「我が国の競争力低下による供給能力不足、他国に対する不可欠性・優位性の喪失」「国内の要因による供給途絶」の四つの項目ごとに、想定されるリスク要因について、点検をしていただいた。

私は、想定されるリスク要因のなかでは、特に「供給網における人権問題」「レピュテーション（環境問題等を起因とした世論圧力等による操業停止や不買運動等）」「国外の法制度・ルール変更」「経済的威圧」「技術の海外流出」「サイバー攻撃」については、近年では各国共通の課題になりつつあることから、日本政府も企業も特に留意して対策を講じるべき点だと考える。

各省庁の点検によって新たに評価した主なリスクや対策案については、まさに日本の経済安全保障に係る情報なので記すことはできないが、引き続き、サプライチェーンにおける様々なリスクの把握と評価を不断に実施し、重要物資の安定供給確保のために必要な対応を続けていく。

金属3Dプリンターもコア業種に追加

『外為法』は、投資の自由を原則としつつ、国の安全等の観点から必要となる最小限の業種を指定し、外国投資家による投資に際して「事前届出」を求めている。

『経済安全保障推進法』に基づいて「特定重要物資」が指定されたことを受け、サプライチェーンの保全と技術流出・軍事転用リスクへの対処の観点から、『外為法』についても検討が行われた。

二〇二三年四月二四日公布、同年五月二四日適用で、「特定重要物資」のなかでは、「肥料（輸入業）」「工作機械・産業用ロボット（製造業等）」「蓄電池（製造業・素材製造業）」「金属鉱産物（精錬業）」「永久磁石（製造業・素材製造業）」「半導体（製造装置等の製造業）」「天然ガス（卸売業《おろしうり》）」「船舶の部品（エンジン等の製造業）」が、コア業種に追加された。「特定重要物資」以外では、「金属３Ｄプリンター（製造業・金属粉末の製造業）」がコア業種に追加された。

コア業種とは、外国人投資家（非居住者や外国会社等）による対内直接投資等に関し「事前届出」が必要となる業種（指定業種）のうち、国の安全を損なうなどのおそれが大きいものとして株式取得等に関する「事前届出免除」を原則利用できない業種だ。「抗菌性物質製剤（製造業）」については、「特定取得」の対象に追加された。外国投資家による非上場株の取得も「事前届出」が必要になる。

これで、すでにコア業種だったものを含めると、「特定重要物資」のすべてがコア業種としてカバーされた。

第4章 基幹インフラ役務の安定的提供を目指して

重要設備への妨害行為を未然に防止

『経済安全保障推進法』は、第三章に「特定社会基盤役務の安定的な提供の確保」に関する規定を置く。

国民生活や経済活動は、いわゆるライフラインをはじめとした役務（電気、ガス、水道などの「サービス」）を基盤としている。

たとえばサイバー攻撃などによって、それらのサービスの安定的な提供に支障が生ずれば、その程度によっては、国民の生命や経済・社会の秩序などを損なう事態を生じるおそれがある。

このような基幹的なサービスを提供する事業を行うインフラ事業者（以下「基幹インフラ事業者」）は、自らの事業のために使う重要な設備を他事業者から導入したり、重要な設備の維持管理や操作（以下「維持管理等」）を他事業者に委託して行わせたりすることがある。

我が国の外部からサービスの提供を妨害しようとする主体が、設備を納める事業者や設備の維持管理等を請け負う事業者に影響を及ぼすことができる場合には、その設備が妨害行為の手段として使用されるおそれもある。

安全保障を確保するためには、このような重要な設備に対して行われる妨害行為を未然に防止する必要がある。

よって、「特定社会基盤事業」（後記）を所管する大臣（以下「事業所管大臣」）が、特定の基幹インフラ事業者による「重要な設備の導入」や「維持管理等の委託」について、事前に「審査」をすることとしている。そして、その重要な設備が妨害行為の手段として使用されるおそれが大きいと認めるときには、事業所管大臣がその基幹インフラ事業者に対して「必要な措置の実施」や「導入・委託の中止」を「勧告」「命令」することを可能としている。

「特定社会基盤事業者」の指定

「特定社会基盤事業者」は、この制度の対象となる事業者であり、事業所管大臣が指定する。

「特定社会基盤事業」を行う者のうち、その使用する「特定重要設備」の機能が停止し、または低下した場合に、その提供する「特定社会基盤役務」の安定的な提供に支障が生じ、これによって「国家及び国民の安全を損なう事態」を生ずるおそれが大きいものとして、主務省令で定める基準に該当する者を「特定社会基盤事業者」として指定する。

前記の用語を順に説明する。

「特定社会基盤事業」とは、「電気」「ガス」「石油」「水道」「鉄道」「貨物自動車運送」「外航

【図表1】特定社会基盤事業者の指定の仕組み

法定事業 （推進法50条1項）		特定社会基盤事業 （政令）		特定社会基盤事業者 （告示）
1　電気事業 2　ガス事業 3　石油精製業・ 　石油ガス輸入業 4　水道事業・ 　水道用水供給事業 5　第一種鉄道事業 6　一般貨物自動車 　運送事業 7　貨物定期航路事業・ 　不定期航路事業 8　一般港湾運送事業※ 9　国際航空運送事業 　国内定期航空運送 　事業 10　空港の設置及び 　管理を行う事業 　空港に係る公共施設 　等運営事業 11　電気通信事業 12　放送事業 13　郵便事業 14　金融に係る事業 15　包括信用購入 　あっせんの業務を 　行う事業 ※事業追加を内容とする改正法を2024年5月17日に公布。公布日から起算して1年6カ月を超えない範囲内において政令で定める日から施行。	→法定事業の範囲内で指定	〈要件〉 法定事業のうち、特定社会基盤役務の提供を行うものとして政令で定めるもの 〈例〉 ○×事業のうち、△□を行うもの	→特定社会基盤事業を行う者のなかから指定	〈要件〉 特定社会基盤事業を行う者のうち、主務省令で定める基準に該当するもの 〈例〉 ・A電力 ・B銀行

（内閣府資料）

貨物」「航空」「空港」「電気通信」「放送」「郵便」「金融」「クレジットカード」（二〇二四年通常国会の法改正で「一般港湾運送事業」を追加）という『経済安全保障推進法』で法定した一五分野の事業（以下「法定事業」）のうち、「特定社会基盤役務」を提供するもので、『政令』で定めている。

各分野の指定状況は、本章の最後に詳記する。

「特定社会基盤事業」のなかには、水道事業など地方公共団体が行うものもあるが、事業を行う地方公共団体が指定基準に該当した場合には、地方公共団体も、この制度の適用を受ける。

「特定重要設備」とは、「特定社会基盤事業」の用に供される「設備、機器、装置又はプログラム」のうち、「特定社会基盤役務を安定的に提供するために重要」であり、かつ、「我が国の外部から行われる特定社会基盤役務の安定的な提供を妨害する行為の手段として使用されるおそれがあるもの」だ。具体的には主務省令で定めている。

たとえば「特定社会基盤事業」を行うに当たり重要な中央制御システムが挙げられ、各事業の特性などを踏まえたものとしている。

「特定社会基盤役務」とは、国民生活および経済活動の基盤となる役務であって、その安定的な提供に支障が生じた場合に「国家及び国民の安全を損なう事態」を生ずるおそれがあるものだ。
「国家及び国民の安全を損なう事態」とは、たとえば、国民の生命を脅《おびや》かす事態や、社会・経済秩序を損なう事態を意味している。

特定社会基盤事業者は所管大臣に「計画書」を提出

事業所管大臣が「特定重要設備の導入・維持管理等の委託」について事前に審査することができるように、特定社会基盤事業者は、「他の事業者から特定重要設備の導入を行い、又は他の事業者に委託して特定重要設備の維持管理等（維持管理や操作の内容は、各主務省令で規定）を行わせようとする場合」には、予《あらかじ》め事業所管大臣に「計画書」を届け出なければならない。

この「計画書」には、「特定重要設備の導入」の場合には、特定重要設備の供給者や特定重要設備の一部を構成する設備に関する事項などを記載する。

「特定重要設備の重要維持管理等の委託」の場合には、委託の相手方や再委託に関する事項などを含めて審査に必要な事項を記載する。

具体的な記載事項は、主務省令で定めている。

また審査期間を確保する観点から、「計画書」の届出をした特定社会基盤事業者は、その

【図表2】審査の仕組み

届出義務	①特定重要設備※1の導入 ②特定重要設備の維持管理又は操作※2の委託
審査期間※3	届出受理から30日間（短縮可／4カ月間まで延長可）
審査内容	特定重要設備が特定妨害行為※4の手段として使用されるおそれが大きいかどうか

［審査プロセス］

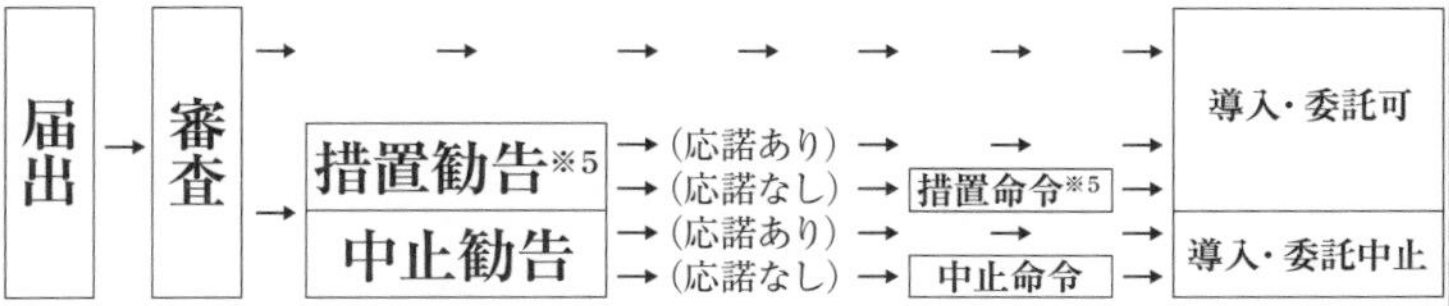

※1 特定社会基盤事業の用に供される設備、機器、装置又はプログラムのうち、特定社会基盤役務を安定的に提供するために重要であり、かつ、我が国の外部から行われる特定社会基盤役務の安定的な提供を妨害する行為の手段として使用されるおそれがあるものとして主務省令で定めるもの
※2 特定重要設備の機能を維持するため又は特定重要設備に係る特定社会基盤役務を安定的に提供するために重要であり、かつ、これらを通じて特定重要設備が我が国の外務から行われる特定社会基盤役務の安定的な提供を妨害する行為の手段として使用されるおそれがあるものとして主務省令で定めるもの（重要維持管理等）
※3 審査期間を経過する日までは、特定重要設備の導入を行い、又は特定重要設備の重要維持管理等を行わせてはならない
※4 特定重要設備の導入又は重要維持管理等の委託に関して我が国の外部から行われる特定社会基盤役務の安定的な提供を妨害する行為
※5 内容の変更その他の特定妨害行為を防止するため必要な措置を講じた上で特定重要設備の導入を行い、又は重要維持管理等を行わせるべきこと

（内閣府資料）

受理から三〇日間は、「計画書」に係る特定重要設備の導入を行い、または重要維持管理等を行わせてはならない。

三〇日間の審査期間については、事業所管大臣が短縮することができ、延長（届出受理から四カ月間まで）することもできる。

そのうえで事業所管大臣は、審査の結果、届出のあった「計画書」に係る特定重要設備が「特定妨害行為」（特定重要設備の導入または重要維持管理等の委託に関して、我が国の外部から行われる特定社会基盤役務の安定的な提供を妨害する行為）の手段として使用されるおそれが大きいと認めるときは、届出をした特定社会基盤事業者に対し、「特定妨害行為を防止するため必要な措置を講ずべきこと」または「導入・委託を中止すべきこと」を「勧告」することができる。

正当な理由なく「勧告」を応諾《おうだく》しないときには、「命令」もできる。

届出義務の例外として認められるケース

例外として、「特定社会基盤事業者と実質的に同一と認められる者その他の政令で定める者が供給する特定重要設備を導入する場合」または「緊急やむを得ない場合として主務省令で定める場合」には、「事前届出」を要しない。

「同一と認められる者その他の政令で定める者」とは、特定社会基盤事業者を親法人とする子法人など、国の機関や地方公共団体、あるいは独立行政法人や地方独立行政法人である。

「緊急やむを得ない場合」については、「特定社会基盤役務の提供に支障が生じ、又は生ずるおそれがある場合」であって、「他の事業者から特定重要設備の導入を緊急に行い、又は他の事業者に委託して特定重要設備の重要維持管理等を緊急に行わせることがその支障の除去又は発生の防止のために必要」であり、かつ「他に適当な方法がない場合」である。

緊急やむを得ない場合において特定重要設備の導入を行い、または重要維持管理等を行わせたときは、遅滞なく事業所管大臣に届け出なければならない。

特定社会基盤事業者は、「計画書」の変更のうち、重要な変更として主務省令で定める要件に該当するものをする場合には、「事前届出」が必要となる。そのほか、軽微な変更として届出・報告が不要とされた事項以外に該当する場合は、「事後報告」をしなければならない。

事業所管大臣は、「例外的な場合」（国際情勢の変化その他の事情の変更、緊急やむを得ない場合における特定重要設備の導入または重要維持管理等の委託）において、特定重要設備が特定妨害行為の手段として使用されるおそれが大きいと認めるときは、「特定重要設備の検査又は点検の実施」などを事後的に「勧告」「命令」することができる。

特定社会基盤事業者にとっての予見性を確保する観点から、「新たに特定社会基盤事業者の指定を受けた者」、主務省令の改正により「新たに特定重要設備となった設備等や新たに重要維持管理等となった維持管理等」については、経過措置として、六カ月間は「届出義務」を適用せず、「審査」の対象から除くこととしている。

『経済安全保障推進法』第三章の「特定社会基盤役務の安定的な提供の確保」については、二〇二三年四月二八日に『基本指針』を閣議決定した。また、同年八月一日に「特定社会基盤事業」を定める『政令』を閣議決定し、八月九日に「特定社会基盤事業者の指定基準」や「特定重要設備等」を定める『省令』を公布、一一月一六日には「特定社会基盤事業者の指定」を行ったうえで、一一月一七日に完全施行された。

六カ月間の経過措置期間の規定があることから、本制度の運用開始は二〇二四年五月一七日となった。

また事業所管大臣は、特定社会基盤事業者に対し、「特定妨害行為の防止に資する情報」を提供するよう努めることとしている。

この規定も踏まえ、たとえば特定重要設備の導入等に関する「計画書」の届出が行われる前に、特定社会基盤事業者からの相談に応ずることとしている。

一四分野における「特定社会基盤事業者」

「法定事業」ごとの「特定社会基盤事業者」の指定基準と指定の状況（二〇二四年五月末までのもの）は次の通り二一一者だ。

指定された個々の事業者の名称は本書では省略するが、内閣府および事業所管省庁のホームページで、事業者名も含めて掲載されている。

①電気：計四二者

・一般送配電事業＝『電気事業法』に定める一般送配電事業者：一〇者
・送電事業＝『電気事業法』に定める送電事業者：三者
・配電事業＝『電気事業法』に定める配電事業者：なし（現在、営んでいる事業者が存在しないため）
・発電事業＝『電気事業法』に定める発電事業者で、出力五〇万キロワット以上の発電等のための電気工作物を有する者：二七者
・特定卸供給事業＝『電気事業法』に定める特定卸供給事業者で、電気の供給能力を有する者（発電事業者を除く）から集約する電気の出力の合計が五〇万キロワット以上である者：二者

②ガス：計二五者

・一般ガス導管事業＝『ガス事業法』に定める一般ガス導管事業者で、その事業のためのガスメーターの取付数が三〇万個以上である者：一一者
・特定ガス導管事業＝『ガス事業法』に定める特定ガス導管事業者であって、『経済産業省令』に定める特定導管を維持し、運用する者：四者

・ガス製造事業＝『ガス事業法』に定めるガス製造事業者であって、生産能力二〇万立方メートル毎時以上の製造所を維持し、運用する者：一〇者

③石油：計一九者

・石油精製業＝石油蒸留設備を有する石油精製業者：一一者

・石油ガス輸入業＝石油ガス輸入業者であって、次のいずれにも該当するもの：八者

㋐過去五年間の石油ガスの年間輸入量の割合が、同時期の我が国の石油ガスの平均年間輸入量に対して一〇〇分の一以上

㋑石油化学製品の製造のための原料以外のために使用される石油ガスを輸入

④水道：計二三者

・水道事業＝給水人口が一〇〇万人を超える水道事業者：一五者

・水道用水供給事業＝一日に給水することができる最大の水量が五〇万立方メートルを超える水道用水供給事業者：八者

⑤鉄道：計五者

・第一種鉄道事業＝路線の営業キロ程の合計が一〇〇〇キロメートル以上である第一種鉄道事業者：五者

⑥貨物自動車運送：計三者

・一般貨物自動車運送事業＝『貨物自動車運送事業法』に定める特別積合せ貨物運送事業を行う事業者であって、次のいずれにも該当する者：三者

㋐前年度における貨物の輸送距離が、特別積合せ貨物運送事業を行う全ての事業者による貨物の輸送距離の合計の五％以上

㋑前年度における貨物の輸送量が、特別積合せ貨物運送事業を行う全ての者による貨物の輸送量の合計の五％以上

㋒保有する事業用自動車台数が、特別積合せ貨物運送事業を行う全ての事業者が保有する事業用自動車台数の合計の五％以上

㋓全ての都道府県の区域内に営業所を有する

⑦外航海運：計三者

・貨物定期航路事業および不定期航路事業＝これらの事業を行う事業者であって、次の

いずれにも該当する者：三者

㋐前年における貨物の輸送量が、その事業を行う全ての事業者による貨物の輸送量の合計の一〇％以上

㋑運航する船舶の隻数が、その事業を行う全ての事業者が運航する船舶の隻数の合計の一〇％以上

⑧航空：計二者

・国際航空運送事業および国内定期航空運送事業＝『航空法施行規則』に定める特定本邦航空運送事業者であって、次のいずれにも該当する者：二者

㋐前年度の国際航空運送事業における運航回数が、全特定本邦航空運送事業者の国際航空運送事業における運航回数の合計の二五％以上

㋑前年度の国内定期航空運送事業における運航回数が、全特定本邦航空運送事業者の国内定期航空運送事業における運航回数の合計の二五％以上

⑨空港：計六者

・空港の設置および管理を行う事業ならびに空港に係る公共施設等運営事業＝これらを

行う事業者であって、次のいずれにも該当する者（国土交通大臣を除く）：六者
㋐事業に係る空港が、『空港法』第四条第一項各号に掲げる空港
㋑事業に係る空港における令和元年度の航空機の旅客数の合計が一〇〇〇万人以上

⑩電気通信：計一〇者

・電気通信事業＝次のいずれかに該当する電気通信事業者：一〇者
㋐第一種指定電気通信設備を設置
㋑㋐を行う事業者に対し、当該者の設置する第一種指定中継系交換等設備間に伝送路設備を設置し、もっぱら異なる都道府県の区域間の通信を媒介《ばいかい》する電気通信役務を提供
㋒本邦内と本邦外との間の有線電気通信設備の設置について総務大臣の許可を受けた事業者のうち、その事業者が設置許可を受けた有線電気通信設備の数が本邦内と本邦外との間の有線電気通信設備の総数の一〇％以上を占める
㋓基地局を設置して携帯電話の5Gサービスを提供
㋔「メッセージサービス」（電子メールやメッセージングアプリなど）を提供する事業者のうち、前年度の一カ月あたりの利用者の数の平均が六〇〇〇万以上であって、そのメッセージサービスが国や都道府県、または市町村の事務に使用されている

⑪放送：計六者

・地上基幹放送事業＝テレビジョン放送を行う事業者であって、次のいずれにも該当する者：六者

㋐その事業者が行う地上基幹放送に係る放送対象地域向けの放送番組に占める自らが制作する放送番組の割合が二五％以上

㋑その事業者が行う地上基幹放送に係る放送対象地域内における世帯数が全国の世帯数の二五％以上

⑫郵便：計一者

・郵便事業＝郵便サービスをあまねく公平に提供する事業者：一者

⑬金融：計五九者

・『銀行法』第二条第二項各号に掲げる行為のいずれかを行う事業のうち、次に掲げる者：二一者

㋐直近の三事業年度の末日において、次のいずれかに該当する銀行：一七者

A預金残高の平均が一〇兆円以上
B預金口座の数の平均が一〇〇〇万口座以上
C国内に設置しているキャッシュディスペンサーおよびATMの数の平均が一万台以上
㋑『信用金庫法』第五四条第一項および第二項に基づき事業を行う者：一者
㋒『労働金庫法』第五八条第一項および第五八条の二第一項第一号～第四号に基づく事業を併せ行うことができる者：一者
㋓『中小企業等協同組合法』第九条の九第一項および第六項に基づき事業を行う者のうち、第九条の九第一項第一号の事業を行う者：一者
㋔『農林中央金庫法』第五四条第一項および第二項に基づき事業を行う者：一者
・『資金決済に関する法律』に定める資金移動業を行う事業者であって、次のいずれにも該当する者：二者
㋐直近の三事業年度の末日における利用者数の平均が一〇〇〇万人以上
㋑直近の三事業年度において為替《かわせ》取引により移動させた資金の合計額の平均が四〇〇〇億円以上
・保険業＝次のいずれかに該当する保険業者：一〇者
㋐直近の三事業年度における損益計算書に計上すべき保険金等支払金の額から損益計算書

に計上すべき解約返戻金《へんれいきん》、その他返戻金および再保険料の合計額を控除した額の平均が一兆円以上
㋑直近の三事業年度の末日における生命保険業務に係る保険契約の件数の平均が二〇〇〇万件以上
㋒直近の三事業年度における損害保険業務に係る元受正味《もとうけしょうみ》保険金の額の平均が一兆円以上
㋓直近の三事業年度の末日における損害保険業務に係る保険契約の件数の平均が二〇〇〇万件以上
・取引所金融商品市場の開設の業務を行う事業＝事業に係る取引所金融商品市場における直近の三事業年度において行われた有価証券の売買に係る総売買代金の平均が七五兆円以上の事業者：三者
・金融商品債務引受業＝免許を受け、または承認を得て、この事業を行う事業者：三者
・第一種金融商品取引業＝直近の三事業年度の末日において次のいずれかに該当する金融商品取引業者：七者
㋐顧客から預託を受けた金銭、有価証券その他の財産の残高の平均が三〇兆円以上
㋑顧客が有価証券の取引又はデリバティブ取引を行うための口座の数の平均が五〇〇万口座以上

・信託業＝直近の三事業年度の末日におけるその受託する信託財産（管理を第三者に委託しているものを除く）の残高の平均が三〇〇兆円以上の信託業者：二者
・資金清算業＝資金清算業者：一者
・第三者型前払式支払手段（一部除外されるものあり）の発行の業務を行う事業＝次のいずれにも該当する事業者：四者
㋐直近の三事業年度の末日における、その発行する第三者型前払式支払手段を使用することができる加盟店の数の平均が一万店以上
㋑直近の三事業年度において発行した第三者型前払式支払手段の発行額の平均が一兆円以上
・『預金保険法』第三四条に規定する業務を行う事業＝その事業を行う事業者：一者
・『農水産業協同組合貯金保険法』第三四条に規定する業務を行う事業＝その事業を行う事業者：一者
・振替業＝振替業者：一者
・電子債権記録業＝直近の三事業年度の末日における電子記録債権の残高の平均が一兆円以上である電子債権記録機関：三者

⑭クレジット：計七者

・包括信用購入あっせんの業務を行う事業＝『割賦《かっぷ》販売法』に定める登録包括信用購入あっせん業者または登録少額包括信用購入あっせん業者であって、現年度の直前の三年度のいずれかの末日において次のいずれにも該当する者：七者

㋐現に締結しているクレジットカード等会員契約の数が一〇〇〇万以上

㋑年間信用供与額が四兆円以上

特定社会基盤事業に「一般港湾運送事業」を追加

第三章で「船舶の部品」に関して触れた通り、我が国の貿易の九九・五％（重量ベース）は、港湾を通じた海上輸送により行われており、港湾サービスは国民生活と経済活動を支える重要な役割を果たしている。

そのようななか、第一章に記した通り、二〇二三年七月四日にサイバー攻撃によって、名古屋港コンテナターミナルにおいて約二日半にわたるシステム障害が発生し、推計約二万本のコンテナの搬入・搬出に支障が生じるなどの影響が生じた。

この事象を受けてすぐに、内閣府経済安全保障担当政策統括官に対して、「港湾」に係る事業を『経済安全保障推進法』の「特定社会基盤事業」に追加できるか否か、検討するよう

に要請した。

併せて、近年サイバー攻撃が相次いでいた「医療」についても「特定社会基盤事業」に追加して、たとえば基幹災害拠点病院や高度救命救急センター、あるいは過疎《かそ》地域で広域市町村をカバーしているような代替困難な医療機関については、「特定社会基盤事業者」としての対応が取れないかの検討も要請した。

「特定社会基盤事業」は法定されているので、分野を追加するためには、『経済安全保障推進法』の改正が必要になる。

前者については、さっそく国土交通省が「コンテナターミナルにおける情報セキュリティ対策等検討委員会」を設置し、二〇二三年七月三一日から議論を開始してくださった。そうして二〇二四年一月二四日には、同検討委員会における取りまとめが行われた。

港湾の物流機能の安定的な提供に重要な役割を果たす「一般港湾運送事業」を、『経済安全保障推進法』の対象として追加すべきであるという結論だった。

他方、港湾管理者等が構築する入出港等のための手続に使用されるシステムは「マニュアルでの手続で代替し得る」とされ、「港湾管理者等」は追加しないことになった。

内閣府でも、二〇二四年一月二九日に「経済安全保障法制に関する有識者会議」を開催して、「一般港湾運送事業」を法の対象に追加したい旨《むね》を報告したが、異論は出なかった。

二〇二四年一月三〇日に官邸で開催された「経済安全保障推進会議」において、斉藤鉄夫国土交通大臣から、国土交通省の検討委員会における取りまとめについて、ご説明をいただいた。

私からも、国民生活や経済活動を支えるインフラ事業たる「一般港湾運送事業」を「基幹インフラ制度」の対象とする法律案の準備を進めることを報告した。

岸田総理からは、「通常国会への法案提出に向け、準備を加速すること」とのご指示をいただいた。

二〇二四年二月二七日早朝、「一般港湾運送事業」を「特定社会基盤事業」に追加する『経済安全保障推進法の一部を改正する法律案』が閣議決定され、同日一七時に衆議院に提出することができた。衆参両院におけるご審議を経て、二〇二四年五月一〇日に成立した。

港湾に関しては、この法改正に加えて、国土交通省では二〇二四年二月、『港湾運送事業法施行規則』を改正し、港湾運送事業者による情報セキュリティ対策の確保状況を国が審査する仕組みを導入。二〇二四年三月には、『サイバーセキュリティ基本法』における「重要インフラ」として「港湾」が追加された。

サイバーセキュリティに関する各種措置を一体として講じることで、我が国にとって重要なインフラである港湾サービスの安定的な提供を確保していきたい。

米国でも二〇二四年二月二一日、バイデン大統領が、港湾のサイバーセキュリティ強化に向けた『大統領令』に署名している。米国の港湾は年に五・四兆ドルの経済活動に関わっていることから、港湾施設などに対してサイバー防衛の強化を求め、サイバー攻撃が起きた場合の報告を義務づけるものだという。

また、NSC(国家安全保障会議)の副補佐官の話として、「米国の港湾で貨物の積み下ろしに使うクレーンについて、中国製を採用する場合は、特にサイバー防衛の強化を訴えた」と報じられた。記事中には、港湾で使うクレーンのうち中国製が八〇%近くを占める旨の指摘も紹介されていた。

「医療」については、厚生労働省で検討していただいた結果、現段階では法定の必要性が認められないということで、引き続きの検討課題となってしまった。その経緯は、第一〇章に記す。

サイバー攻撃の手法は、絶えず高度化しており、インフラ事業に対する脅威も変化していく可能性が高い。必要な取組を不断にアップデートしていくことが必要だ。

すでに制度の対象となっている事業にとどまらず、重要なインフラについて幅広く脆弱《ぜいじゃく》性《せい》を点検・把握し、対応策を検討していく。

第5章

重要技術の研究開発を支援する

産学官で特定重要技術の開発を

近年の産業基盤のデジタル化や高度化に伴い、安全保障にも影響し得る技術革新が進展した結果、科学技術・イノベーションは、激化する国家間の覇権争いの中核を占めるに至っている。

主要国は、感染症の世界的な流行、大規模サイバー攻撃、自然災害なども含めた脅威への有効な対応策として、先端技術の研究開発や活用を強力に推進している。こうした分野は市場経済のメカニズムのみに委《ゆだ》ねていては投資が不十分になりがちであるため、各国は、鍵となる先端技術の把握に必要な情報を収集・分析し、大型の研究開発プロジェクトを立上げ、社会実装に向けて官民が協力するスキームの導入に努めている。

同時に各国とも、技術流出への対策も強化している。

このような状況下、先端的な重要技術の研究開発の促進と研究成果の適切な活用は、中長期的に国際社会において日本が確固たる地位を確保し続けるうえで不可欠な要素となっている。そのため諸外国と伍《ご》する形で研究開発を進めるための制度を整備することが必要となる。

『経済安全保障推進法』は、第四章に「特定重要技術の開発支援」の規定を置いており、先端的な重要技術の研究開発促進やその成果の活用を図るための制度を設けている。そして、産学官が連携した伴走支援のための「協議会」「指定基金」の活用による研究開発支援、この制度に関する政府の意思決定に寄与する調査研究などについて規定している。

国は、「特定重要技術」(後記)の研究開発の促進やその成果の活用を図るため、必要な情報の提供、資金の確保、人材の養成および資質の向上その他の措置を講ずるよう努めることとしている。

具体的には、「協議会」の組織、「指定基金」に充《あ》てる資金の補助、「調査研究」の実施などを通じて、これらの措置を行う。

「特定重要技術」とは何か

「特定重要技術」とは、「将来の国民生活及び経済活動の維持にとって重要なものとなり得る先端的な技術」のうち、以下のいずれか(複数当てはまることもある)において、「国家及び国民の安全を損なう事態」を生ずるおそれがあるものである。

類型①:その技術を外部に不当に利用された場合

類型②:その技術の研究開発に用いられる情報が、外部に不当に利用された場合類型③：その技術を使った物資又は役務を外部に依存することで、外部から行われる行為によってこれらを安定的に利用できなくなった場合

以上は法律上の定義だが、要は、「中長期的に我が国が国際社会において確固たる地位を確保し続ける上で不可欠な要素となる先端的な重要技術」と捉《とら》えることができよう。

類型①については、たとえば、技術情報が窃取《せっしゅ》され、その技術が利用されるような場合が該当し、その防止のためには、「技術の適正な管理」が必要となる。

類型②については、たとえば、関係行政機関から提供された情報などが窃取され、その情報が利用される場合が該当し、その防止のためには「研究開発に関する情報の適正な管理」とともに、「守秘義務を求める」ことが必要となる。

類型③については、たとえば、先端的な技術を用いたモノやサービスについて外部に依存することにより、外部からの何らかの行為によって利用に支障が生じてしまう場合が該当する。その防止のためには、その技術について我が国が「自律性を確保」し、また「優位性・不可欠性を保持」することが必要となる。

国が動向をウォッチしていく二〇の技術領域

デジタル化などによる技術開発の加速化が突如として新たな技術革新を生む可能性があることなどを踏まえ、政府は予め《あらかじ》「特定重要技術」のリストを定めることはしていない。

しかし、『特定重要技術の研究開発の促進及びその成果の適切な活用に関する基本指針』（以下、『特定重要技術研究開発基本指針』）においては、国が「特定重要技術」の対象を見極めるうえで「調査研究」を実施していく、すなわち動向をウォッチしていく技術領域として、次の二〇分野を参考として挙げている。

①バイオ技術
②医療・公衆衛生技術
③人工知能・機械学習技術
④先端コンピューティング技術
⑤マイクロプロセッサ・半導体技術
⑥データ科学・分析・蓄積・運用技術
⑦先端エンジニアリング・製造技術

⑧ロボット工学
⑨量子情報科学
⑩先端監視・測位・センサー技術
⑪脳コンピュータ・インターフェース技術
⑫先端エネルギー・蓄エネルギー技術
⑬高度情報通信・ネットワーク技術
⑭サイバーセキュリティ技術
⑮宇宙関連技術
⑯海洋関連技術
⑰輸送技術
⑱極超音速
⑲化学・生物・放射性物質及び核（ＣＢＲＮ）
⑳先端材料科学

そして、「特定重要技術のうち、特に優先して育成すべきもの」について、『特定重要技術研究開発基本指針』では、「指定基金」を活用して研究開発を推進することが適当であり、その対象となる技術領域として『経済安全保障重要技術育成プログラム研究開発ビジョン』において示されている技術が適当であるとしている（これらについては後記）。

特定重要技術のプロジェクトに設置する「協議会」

「特定重要技術」の研究開発の促進やその成果の活用に当たっては、潜在的な社会実装の担《にな》い手となると考えられる関係行政機関や民間企業などが、各組織や産学官の枠を超えてプロジェクトを推進していくことが有効かつ必要だ。

『経済安全保障推進法』では、参加者間のパートナーシップを確立し、機微《きび》な情報も含め、有用な情報の交換や協議を行うことができるよう、「協議会」を組織する枠組みを設けた。

『科学技術・イノベーション創出の活性化に関する法律』（以下『活性化法』）に基づき、特定重要技術の研究開発や研究開発成果の普及・実用化のプロジェクトが「国の資金」により行われる場合に、「協議会」設置の対象となる。

「国の資金」については、行政機関が直接的に執行する補助金や委託費に限らず、資金配分機関に資金を交付して実施するものや、行政機関から交付された運営費交付金を原資とするものについても、趣旨や目的を踏まえ要件を満たせば、「協議会」設置の対象となる。

「協議会」は、プロジェクトの代表者等（「特定重要技術の研究開発等に従事する者のうち当該研究開発等を代表する者として相当と認められる者」と法定）の同意を得て設置することができるが、『経済安全保障推進法』に基づく「指定基金」によって行われる特定重要技術のプロジェクトについては、必ず設置することとしている。「指定基金」によるもの以外の「国の資金」によるプロジェクトについては、「協議会」は必置ではない。

資金を交付する各大臣（研究開発大臣）が「産学官の連携を通じて支援していくことが適当」と認める場合には、プロジェクトの代表者の同意を得て設置することができることとしている。

この同意については、強制されることはない。たとえば、研究開発のテーマによって募集を行う際、「協議会」の設置を念頭に置いている旨を明示することも可能だが、「協議会」設置に同意することを採択の条件にしたり、同意しない者を不利に扱ったりしてはならない。その旨は、『特定重要技術研究開発基本指針』にも明記している。

「指定基金」によるプロジェクトについては、公募の際に「経済安全保障推進法に基づく指定基金協議会を設置して推進する」旨を周知している。よって、代表者が公募に応じることをもって、「協議会」の設置に同意したとみなす運用としている。

「協議会」は、プロジェクトに有用な情報を収集し、整理および分析を行う。そして、プロジェクトを効果的に促進するための方策、プロジェクトの内容や成果の取扱い、情報を適正に管理するために必要な措置、などの事項について協議を行う。

「協議会」の構成員については、『経済安全保障推進法』において、「研究開発大臣とプロジェクトの代表者」が法定されているほか、「研究開発大臣が必要と認める者を、その同意を得て加えることができる」こととしている。

具体的には、研究開発プロジェクトが様々なメンバーの協力や連携によって推進されることを考えれば、プロジェクトのチームメンバー、連携相手となる研究機関、シンクタンクや資金配分機関の役職員、社会実装の担い手と想定される関係行政機関の長やその職員、民間企業などの関係者が考えられる。

構成員は研究開発大臣が選定することとしているが、「協議会」が提供する機微に触れる情報を共有すべき者が含まれるよう、プロジェクトの代表者と十分に相談することが必要になる。

「守秘義務」の対象と対象外となるもの

また「協議会」に参画することに伴って、「守秘義務」を負うことになる。「協議会」における情報の適正な管理などの必要な取組を行う義務や、「協議会」の事務に関して知り得た秘密を漏《も》らしたり盗用したりしてはならないというものだ。

よって、構成員として追加するに際しては、これらの内容について予め十分に説明したうえで、同意を得ることが必要となる。

なお、研究チームのメンバーが「協議会」への参画に同意しない場合には、機微に触れる情報の提供を受けることはできない。しかし、研究チームには引き続き残ることは可能である。また、関係行政機関などから不利益な取り扱いを受けることもない。

前記の「守秘義務」に関しては、国家公務員に一般的に求められるものと同等の罰則を伴う。つまり、「一年以下の懲役又は五〇万円以下の罰金」だ。

「守秘義務の対象となる情報」である「協議会の事務に関して知り得た秘密」としては、たとえば、関係行政機関から開示される秘密（非公知の事実であって、実質的にもそれを秘密として保護するに値《あたい》すると認められるもの）が考えられ、これらの開示を受ければ、受けた者は「守秘義務」が求められる。

ただし、「守秘義務」の対象となる情報は、あくまでも「協議会を通じて提供され知り得た秘密」に限定されている。そのため、たとえば「協議会」において関係行政機関から守秘義務の対象となる情報が提供された場合でも、その情報を用いて研究者が自ら生み出した研究成果は、その研究者にとっては元の「守秘義務」の対象とされた情報が直接的ないし実質的に了知《りょうち》されない限りにおいて、「守秘義務」の対象外となる。

国の委託研究開発による知的財産権は開発者に

「特定重要技術の研究開発の内容や成果を、関係者がどのように取り扱うか」についても、「協議会」においてすべての参加者が納得する形で決定することとなる。

『経済安全保障推進法』の枠組みでは、制約的な要素は必要最小限度とし、研究成果は公開することが基本だ。

特に「論文などの成果発表」は、前記した「守秘義務の対象となる情報」を除いて、原則公開することとなる。

また、「研究成果の特許権などの帰属」については、研究参画へのインセンティブ、その後の社会実装のあり方に影響するため、いわゆる「日本版バイ・ドール制度」の適用を基本としている。この「日本版バイ・ドール制度」とは、『産業技術力強化法』第一七条に基づくもので、国の委託研究開発に関する知的財産権について、開発者にその利益を帰属させることができるとする制度だ。

また、個々の技術について「日本版バイ・ドール制度」を適用しない場合は、「協議会」で、すべての参加者が納得する形で取り扱いを決めることになる。

これらの考え方については、『特定重要技術研究開発基本指針』でも明らかにしている。

「指定基金」に対する五〇〇〇億円の補助金

特定重要技術については、政府がリスクを取って投資を行い、研究開発を強力に推進することが必要である。

このため、内閣総理大臣が「特定重要技術の研究開発やその成果の活用を目的とする者」を「指定基金」として指定し、国がその「指定基金」に充てる資金を補助することができることとした。

実際には、国立研究開発法人科学技術振興機構（ＪＳＴ）および国立研究開発法人新エネルギー・産業技術総合開発機構（ＮＥＤＯ）に造成された「経済安全保障重要技術育成基金」を、「指定基金」に指定している。

また、先端的な重要技術について、民生利用のみならず公的利用につながる研究開発やその成果の利用を進めるため、「経済安全保障重要技術育成プログラム」（略称：「Ｋ　Ｐｒｏｇｒａｍ」）が創設された。

経済安全保障担当大臣および科学技術政策担当大臣が、「Ｋ　Ｐｒｏｇｒａｍ」に係《かか》る「プログラム会議」を開催し、『研究開発ビジョン』や個々の研究開発の推進方法などに関する検討を行う。

「K　Program」の実施に必要な経費は、JSTとNEDOに設置される「基金」を用いることとなっている。

指定基金に対する国の補助については、令和三年度補正予算と令和四年度第二次補正予算で、JSTとNEDOにそれぞれ二五〇〇億円、合計五〇〇〇億円を確保した。

国の支援対象となる三つの要素と四つの領域

二〇二二年九月一六日に、『経済安全保障重要技術育成プログラム研究開発ビジョン』(以下『研究開発ビジョン』)(第一次)を、国家安全保障会議における審議を経て、経済安全保障推進会議と統合イノベーション会議で決定した。

『研究開発ビジョン』(第一次)では、「K　Program」は、「一〇年程度の視点で社会実装を見据《みす》え、概《おおむ》ね五年程度のスパンを基本として研究開発を推進していくもの」であることを明らかにした。

併せて、「国の支援対象となり得る技術の三つの要素」として、以下を挙げた。

①AIや量子など、急速に進展しつつあり、様々な分野での利用が不連続に起こり得る新

興技術
②刻々と変化する国内外の脅威や安全・安心に対する課題やニーズなどに対処し得る技術
③従来は国が主導的役割を果たしてきた宇宙や海洋などの領域において、公的利用・民生利用における社会実装につなげるシステム技術

さらに、これに当てはまる技術として、「四つの領域」に仕分けをしたうえで、本プログラムで支援対象とすべき二七件の重要技術を示した。

「四つの領域」とは、「海洋領域」「宇宙・航空領域」「領域横断・サイバー空間領域」「バイオ領域」だ。

『研究開発ビジョン』（第一次）では、従前より、基本計画などの政策文書によって技術的な課題・社会的ニーズが整理されていた「海洋領域」と「宇宙・航空領域」技術を重点的に選出した。

他方、「領域横断・サイバー空間領域」や「バイオ領域」については、支援対象とすべき技術について、経済安全保障の観点から改めてニーズや課題を同定しつつ、さらに検討を進めることとした。

その後、二〇二三年八月二八日に決定した『研究開発ビジョン』（第二次）では、『研究開

発ビジョン』（第一次）を補完すべく、新たに支援対象とすべき二三件の重要技術を示した。『研究開発ビジョン』（第二次）では、目まぐるしく変化・発展し続けている技術群も多く含まれる「サイバー空間領域」、エネルギー・材料・製造技術等の「領域横断」「バイオ領域」における取組を特に強化した。

また、『研究開発ビジョン』（第一次）後の検討によって、「海洋領域」と「宇宙・航空領域」についても新たな技術を追加した。

結果、第一次と第二次の『研究開発ビジョン』によって、合計五〇の重要技術の研究開発を支援していくことになった。

五〇の「重要技術」

以下、第一次と第二次の『研究開発ビジョン』に共通する「四つの領域」の方向性とともに、支援対象とする五〇の「重要技術」を列記する。

・「海洋領域」の方向性と重要技術

方向性＝資源利用などの海洋権益の確保、海洋国家日本の平和と安定の維持、国民の生命・身体・財産の安全の確保に向けた総合的な海洋の安全保障の確保

①自律型無人探査機（ＡＵＶ）の無人・省人による運搬・投入・回収技術
②ＡＵＶ機体性能向上技術（小型化・軽量化）
③量子技術等の最先端技術を用いた海中（非ＧＰＳ環境）における高精度航法技術
④量子技術等の最先端技術を用いた海中における革新的センシング技術
⑤先進センシング技術を用いた海面から海底に至る空間の観測技術
⑥観測データから有用な情報を抽出《ちゅうしゅつ》・解析し統合処理する技術
⑦現行の自動船舶識別システム（ＡＩＳ）を高度化した次世代データ共有システム技術
⑧海中作業の飛躍的な無人化・効率化を可能とする海中無線通信技術
⑨デジタル技術を用いた高性能次世代船舶開発技術
⑩船舶の安定運航等に資する高解像度・高精度な環境変動予測技術

・「宇宙・航空領域」の方向性と重要技術

方向性＝宇宙利用の優位を確保し自立した宇宙利用大国を実現、安全で利便性の高い航空輸送や航空機利用の発展

⑪低軌道衛星間光通信技術
⑫自動・自律運用可能な衛星コンステレーション・ネットワークシステム技術
⑬高性能小型衛星技術
⑭小型かつ高感度の多波長赤外線センサ技術
⑮災害・緊急時に活用可能な長距離等の飛行を可能とする小型無人機技術
⑯小型無人機を含む運航安全管理技術
⑰小型無人機との信頼性の高い情報通信技術
⑱小型無人機の自律制御・分散制御技術
⑲空域の安全性を高める小型無人機等の検知技術
⑳小型無人機の飛行経路の風況《ふうきょう》観測技術
㉑デジタル技術を用いた航空機開発製造プロセス高度化技術
㉒航空機エンジン向け先進材料技術（複合材製造技術）
㉓超音速要素技術（低騒音機体設計技術）
㉔極超音速要素技術（幅広い作動域を有するエンジン設計技術）
㉕高高度無人機を活用した高解像度かつ継続性のあるリモートセンシング技術
㉖超高分解能常時観測を実現する光学アンテナ技術

㉗衛星の寿命延長に資する燃料補給技術
㉘長距離物資輸送用無人航空機技術

・「領域横断・サイバー空間領域」の方向性と重要技術

方向性＝領域をまたがるサイバー空間と現実空間の融合システムによる安全・安心を確保する基盤の構築

㉙ハイパワーを要するモビリティ等に搭載可能な次世代蓄電池技術
㉚宇宙線ミュオンを用いた革新的測位・構造物イメージング等応用技術
㉛ＡＩセキュリティに係る知識・技術体系
㉜不正機能検証技術（ファームウェア・ソフトウェア／ハードウェア）
㉝ハイブリッドクラウド利用基盤技術
㉞サイバー空間の状況把握・防御技術
㉟セキュアなデータ流通を支える暗号関連技術
㊱偽情報分析に係る技術
㊲ノウハウの効果的な伝承につながる人作業伝達等の研究デジタル基盤技術

㊳高度な金属積層造形システム技術
㊴高効率・高品質レーザー加工技術
㊵耐熱超合金の高性能化・省レアメタル化技術
㊶重希土《じゅうきど》フリー磁石の高耐熱・高磁力化技術
㊷輸送機等の革新的な構造を実現する複合材料等の接着技術
㊸次世代半導体微細加工プロセス技術
㊹高出力・高効率なパワーデバイス／高周波デバイス向け材料技術
㊺孤立・極限環境に適用可能な次世代蓄電池技術
㊻多様な機器・システムへの応用を可能とする超電導基盤技術

・「バイオ領域」の方向性と重要技術

方向性＝感染症やテロなど、有事の際の危機管理基盤の構築

㊼生体分子シークエンサー等の先端研究分析機器・技術
㊽多様な物質の検知・識別を可能とする迅速・高精度なマルチガスセンシングシステム技術

㊾有事に備えた止血製剤製造技術
㊿脳波等を活用した高精度ブレインテックに関する先端技術

なお、『研究開発ビジョン』やプログラム会議の議論を踏まえ、内閣府、文部科学省、経済産業省は、関係府省と協力しながら、前記した「重要技術」や「重要技術となり得る要素技術」について『研究開発構想』を策定し、ＪＳＴとＮＥＤＯに示している。

これを受けて、ＪＳＴとＮＥＤＯにおいては、『研究開発構想』ごとに、公募と採択の作業を行っている。

二〇二四年五月末までに、二七の技術について四一件を採択・公表した。

すでに採択が決まったものや公募中のもののなかで、分かりやすい事例について、その幾つかを第六章で紹介する。

第6章

「K Program」が拓く日本の未来

ドローンと有人機の運行管理システムを

第五章で紹介した「経済安全保障重要技術育成プログラム」、通称「K　Program」で支援対象とする技術は多数あるので、紙幅《しふく》の関係で、すべてを紹介することはできない。そこで本章では、私たちの暮らしに身近な分野について、幾つかを紹介させていただく。

まずはドローン。農薬散布《さんぷ》やインフラ点検など、ドローンの産業用途での活用が本格的に進んでいる。さらに、物流やオンデマンド旅客輸送を目的としたドローンの活用が広がり、業務の効率化・省人化に貢献することが期待されている。

また、災害対応、あるいは国防やテロ対策を含む危機管理対応など、私たちの生存に関わる場面でも、ドローンの機能の高度化が求められている。

今後、様々な主体が、多種多様で多くのドローンを利活用するようになることが想定されることから、ドローンの安全で利便性の高い利活用を確保する必要がある。

しかし、現状では、幾つかの課題がある。

まずは有人機とドローンを含めた運航安全管理技術だ。

たとえば災害など緊急時には、複数の主体が運用する多数の航空機が当該地域に集まり、同時に運用される。東日本大震災の際には、一日に最大三〇〇機の有人ヘリコプター（自衛隊、消防、警察、海保、報道など）が出動した。

その安全運航管理システムとして、現在、我が国では、持ち込み型端末を多種多様な航空機に搭載して管理するシステム（D‐NET：災害救援航空機情報共有ネットワーク）が運用されている。

しかし、D‐NETはヘリコプターなどの有人機のみを対象としており、有人機とドローンのような無人機の双方を対象とする運航安全管理技術は、まだ整備されていない。このためドローンの利用に際しては、衝突などの懸念から、有人機との空域を分けた運用が行われている。

大規模イベント警備にも有人機とドローンが連携

現在、ドローンの制御、テレメトリー（通信によって遠隔地の計量器が計測したデータを自動的に読出し、収集すること）、情報伝達には、主に無線通信が用いられている。

しかし、今後ドローンの活用が広がることに伴って、長距離や広範囲で利用するなどのケースを想定した場合には、利用可能な範囲、電波環境への影響、送信の出力などに課題がある。

そこで、「小型無人機を含む運航安全管理技術」と「小型無人機との信頼性の高い情報通信技術」を「K Program」で支援対象とする「重要技術」とした。

すでに二〇二三年一〇月三一日に、二件とも採択が公表されている。

これらの研究開発の成果が社会実装されると、有人機とドローンのあいだにおいて、衝突回避に必要な飛行情報や、リアルタイムの捜索状況などの情報共有を行うことができるようになる。

これらを活用することで、災害時などには、有人機による要救助者の救助活動と多数のドローンによる捜索活動を同時並行して行うこと、迅速に効率良く救援物資を運搬することなど、有人機とドローンが同時並行的に任務を実施することができるようになる。

大規模イベントなどの警備の際にも、有人機とドローンが連携し、安全かつ効率的に広範囲の情報収集を行えるようになるだろう。

日本のハイブリッドエンジンをドローンに

一般的にドローンの飛行距離とペイロード（最大積載量）にはトレードオフの関係があり、長距離飛行と高ペイロード運搬を両立させることには技術的な課題がある。

日本企業もドローンの開発・販売を行っているが、比較的に長距離運航可能な固定翼型（航空機のように機体に主翼が固定され、風の力と前進時の揚力《ようりょく》で飛行するドローン）であっても、最長飛行時間は一〜一・五時間以下、搭載可能重量は五キログラム以下に留まっている。加えて、風雨のなかで安定的に飛行するための耐候性《たいこうせい》にも課題がある。

そこで、「災害・緊急時等に活用可能な長時間・長距離等の飛行を可能とする小型無人機技術」も、「Ｋ　Ｐｒｏｇｒａｍ」で支援対象とする「重要技術」とした。

すでに二〇二三年五月三一日に、採択が公表されている。

二〇二四年一月一日に発生した能登半島地震の際にも痛感した。被災地域が洪水や土砂崩れなどに遭い、陸路が失われた山間部や遠隔地には、ヘリポートなど限られた場所から展開する有人機では時間がかかる。また、各所で水や灯油が不足していたが、大きなポリタンクは重量オーバーとなるので、ドローンでは運べない。

この研究開発の成果が社会実装されれば、小型無人機に水や食料など多量の救援物資を搭載して、風雨のなかでも現地に素早く飛行することができる。また、長時間にわたって継続的に要救助者の捜索活動を行うことも可能になるだろう。

さらに『研究開発ビジョン』（第二次）を受けて、「長距離物資輸送用無人航空機技術」を「Ｋ　Ｐｒｏｇｒａｍ」で支援対象とする「重要技術」とした。

二〇二四年五月二二日に、採択が公表されている。

また、海上や離島などに向けた物資の輸送においては、長距離飛行・高ペイロード運搬を可能とするVTOL型ドローン（最大一〇〇〇キロメートル程度の輸送距離、重さ三〇〜五〇キログラム程度の積載重量、ヘリコプターのように垂直離着陸し、かつ固定翼機のような高速巡航が可能）の需要があるものの、現在実用化されているバッテリー駆動のドローンでは、飛行距離やペイロードに限界があり、ニーズを十分に満たすことのできる機体は開発されていない。

海外では、警備・物資輸送等の公的利用を目的とする無人航空機として、数十時間・数千キロメートルの飛行時間・飛行距離や一〇〇〇キログラム程度のペイロードを搭載可能なエンジン駆動の固定翼機体が、すでに開発・活用されている。ただし、価格が高額であり、機体サイズも大きく、民生利用での活用は進んでいない。

この研究開発の成果が実装されると、広い領海を有する我が国の離島間の物資輸送、洋上設備や洋上船舶への物資輸送、送電線やパイプラインなどの広域インフラ設備の点検、海上や山岳地域における要救助者の捜索などに使える。次期無人航空機としての活躍が想定される。

実際、我が国は、自動車やバイクで培《つちか》ってきた高いエンジン技術を有しており、その技術を活用したハイブリッドエンジンは、日本の強みを活かせる技術分野である。ドローンの分野においても、将来的に海外に対する優位性・不可欠性を確保し得る可能性は高いと思う。

日本が開拓した検知技術で安全性向上

災害時や緊急時、あるいはインフラ点検等へのドローンの活用が期待されるなか、複数のドローンが情報収集や救援支援等の任務を自律的に遂行するなどといった、より高度な活用が求められている。

「自律制御技術」とは、オペレーションに当たり、搭載されたAI等によって機械自らが最適な手段を見つけ出し、人間を介在することなく実行する技術だ。

我が国では、現在、産業用ロボット分野を中心に、GPS信号やカメラ、あるいは電磁波センサとAIを組み合わせたドローンの自律制御に係《かか》る研究開発が行われている。ただ、これまで民生分野における目立った利用はない。

現在のドローンの飛行は、GPS信号や地図情報に基づき目的地まで向かい、障害物の回避を実現するなど、「操縦者をアシストする機能」であって、その自律性はまだ限定的だ。また、実用化された機体による目視外や有人地帯での飛行では、国から技術証明を受けた操縦者が必要である。

また「分散制御技術」とは、動物や魚が各々《おのおの》の行動規範に則《のっと》りつつも、群れ全体としては統率の取れた群行動をするように、個々の機械のそれぞれの制御が、複数の機械を、全体として最適な振舞いとなっているよう制御する技術だ。一つの機械が集中制御するものではない。

我が国では、分散制御技術についても研究開発が進んでいるが、研究開発の途にあり、各機に事前に入力された個々の飛行情報に基づき飛行する集中制御や、事前に入力されたパターンに基づき飛行するパターン制御に留まっている。

空域の「検知技術」については、カメラや超音波センサを用いて建築物など固定された障害物に対して衝突を防ぐシステムは、市販のドローンに搭載されているものがある。また、ドローンの自己位置推定と環境地図作成のためのカメラ、電磁波センサ、無線通信などのセンシング・イメージングにかかる技術開発も進められている。

しかし適用範囲は限定的であり、鳥やドローンといった多数の飛翔体の同時判別や高精度の検知など行うための要素技術や革新的手法については、まだ先進的な領域があると考えられる。

高度な「自律制御」「分散制御」については、ハードウェア的要素だけでなく、ＡＩを含め、それを支えるプロトコルやアルゴリズムなどのソフトウェア的な技術要素が重要であり、欧米、中国、イスラエルなどの諸外国において、研究開発が盛んに行われている。無線通信、カメラ、レーダー・ライダーといったセンサを用いた「検知技術」については、一部の海外企業を中心に、システムとして商用化が進められている。

そこで「小型無人機の自律制御・分散制御技術」と「空域の安全性を高める小型無人機等の検知技術」を、「K　Program」で支援すべき「重要技術」とした。

いずれも、二〇二三年一〇月三一日に採択が公表されている。前者のうち、ハードウェア開発に焦点を置いた公募については、二〇二四年五月三〇日に、採択が公表されている。

これらの研究開発成果が社会実装されると、ドローンの有人地帯(第三者上空)での補助者なし目視外飛行を指す「レベル4飛行」について、未知な環境や複雑な環境であっても、操縦を必要とせずに任務を遂行することが可能となる。

また、個々のドローンが状況の変化を感知し、それぞれが協調しながら、自律的に飛行を分散制御することによって、群行動パターン自体が状況に応じ最適化される。そのため複数の群同士が、それぞれ互いに連携しながら、最適の群編成を構成することが可能となる。無人での情報収集や災害時の救援物資運搬も可能となるのだ。

さらに革新的な手法や要素技術によって、空域センシング・イメージングも可能となる。

様々な主体による多種多様な小型無人機の活用が拡大するなか、日本が開拓した新たな検知技術によって、空域の安全性を高めることもできる。

米国に先行する日本の独自技術

風況《ふうきょう》の影響を受けやすいドローンにとって、飛行空路における風況の観測や物体の検知は重要だ。我が国には、独自技術として、風況も観測可能な先進的「ドップラー・ライダー」技術が存在する。

この先進センサ技術は、空気中の塵《ちり》にレーザー（赤外線等の指向性を高めた光）を照射し、その反射光の周波数の変化（ドップラー効果：電磁波の発生源または観測者が移動することで観測される周波数が変化する現象）を計測することで風の動きを捉《とら》えるものである。

我が国は、反射光の観測に際して様々なノイズを排除し、微弱な散乱光を解析するドップラー・ライダーの肝《きも》となるソフトウェア技術（高精細信号処理技術）について、他国を凌《りょう》駕《が》する技術を有している。

この技術によって、小型でありながらも大型のドップラー・ライダーと同程度の観測距離（一五キロメートル程度）に高められるうえ、レーザーを小さくできる。

ドローンの衝突回避に関する技術開発は、米国が、我が国に比べて二〜三年ほど先行している。しかし、ドップラー・ライダーについては、米国ＮＡＳＡのＳＢＩＲ（Small Business Innovation Research）のプロジェクトに日本の独自技術が初めて採択されるなど、技術面で我が国が先行している。

一方、現状、我が国のドップラー・ライダーはドローンには搭載できず、物体を検知する性能を持たない。現状のドップラー・ライダーは比較的サイズが大きく（現状は六五センチメートル四方・一三〇キログラムが最小）、レーザー照射方向の分解能は一〇〇メートル水平スケール（空間における水平規模）程度であり、ドローンが大きく影響を受ける規模（数十メートル水平スケール）の観測は困難だ。

そこで、「小型無人機の飛行経路における風況観測技術」を、「Ｋ Ｐｒｏｇｒａｍ」で支援対象とする「重要技術」とした。二〇二三年六月二九日に、採択が公表されている。

突風や乱流などスケールの小さい風を捉え、小型無人機等に搭載できるドップラー・ライダーの開発を行う。

風況の観測に際しては、建物や物体の微細な反射以外をノイズとして除去しているが、ノイズを解析することで、ドローンなど空域における物体を検知する技術も開発する。

この研究開発の成果が社会実装され、小型・軽量化したドップラー・ライダーをドローンに搭載することで、数十メートルのスケールの突風や乱流の観測が可能となれば、ドローンが安全に飛行するための経路の選択などが可能となる。

これを、たとえば自衛隊や警察で利用した場合、低高度の風況監視によって、ドローン・無人航空機の安全な離発着と適切な経路選定ができる。

物体の検知も可能になれば、不審ドローンの早期検知にも役立てられる。

国防上も経済安全保障上も高度な国産ドローンを

ドローンについては海外企業が着々と商品化を進めており、マルチコプター（回転翼を用いて飛行を制御する航空機のうち、複数のローターを搭載している機種の総称）の関連技術は、中国が寡占《かせん》状態を築いている。

ドローンは、戦争や大規模自然災害など、有事における迅速な情報収集や緊急物資の支援などに活用することも期待される。

その意味では、機体や設計情報が窃取《せっしゅ》されたり、悪用されたりすることは防がなくてはならない。また、サイバー攻撃によって運用中のドローンの運航が妨《さまた》げられたり、収集した情報を窃取されたりするリスクもある。

諸外国が先んじて高度なドローン技術の市場を独占することも、我が国にとっての脅威となり得る。

よって、私は、国防上も経済安全保障上も、高度な国産ドローンの開発と量産が必要だと確信している。

日本の優れた宇宙技術

次は宇宙について。宇宙というと、私たちの暮らしから遠いものに思えるかもしれないが、通信、情報収集、測位など、多くの宇宙関連の技術が、生活や産業など身近なところに貢献している。

国防面では、ロシアによるウクライナ侵略後、特に通信と情報収集の継続性を確保することの重要性を、多くの方々が認識されたと思う。

ＳＡＲ（合成開口レーダー）衛星からのデータは、災害時の状況把握などに役立つ。さらに最近では、ＡＩで解析することによって、老朽化《ろうきゅうか》したインフラのリスク評価、漁師に対する漁獲量増加のための支援、不審船や不審な建築物の発見、海底油田の発見、農産物の作付《さくつけ》・出荷時期の調整など、幅広く活用されている。

誤差六センチメートルの測位も可能な日本の優れた準天頂衛星は、今後、自動運転やスマート農業における活用が期待される。

低軌道小型衛星間の光通信で何が変わるか

小型・超小型衛星のコンステレーションの構築が進み、宇宙産業のゲームチェンジが起こりつつあるなか、自律した宇宙利用大国の実現のため、宇宙空間を活用した情報収集や通信能力の向上が求められている。

また、安全保障、防災、民生など様々な用途で、衛星を介した大容量で遅れのない安全なデータ伝送の必要性が高まっている。

従来の静止軌道の大型通信衛星は地球から約三万六〇〇〇キロメートルも離れているため、データ伝送容量が限られるほか、通信の遅延が大きい。

一方、低軌道の周回衛星は地球を約九〇分で一周するあいだに一〇分間程度しか地上局と通信が行えないため、通信のリアルタイム性に欠ける。

また、従来の電波通信ではセキュリティの限界が存在する。

こうした課題に対応するため、データ伝送容量が大きいこと、低遅延通信が可能であること、地球全体に通信サービスを提供できることなどから、国内外において大量の小型衛星を一体的に運用する「小型衛星コンステレーション」の計画が進められている。

しかし、大容量の観測データを地上に送信する際に必要な通信リンクの容量、スピード、セキュリティの確保がボトルネックになりつつある。

世界各国で、大容量・高速・セキュアな通信技術として、国家規模で「衛星光通信ネットワーク」の構想が立ち上がり、それに適応する小型・高性能・低コストの光通信機器の技術開発が行われている。

というのも、光通信技術は電波通信に比べて大容量・低遅延であるとともに、直進性が高いため、傍受《ぼうじゅ》しにくい特徴を持っているからだ。

米国では、国防総省傘下の宇宙開発庁（ＳＤＡ：Space Development Agency）が、『国防宇宙アーキテクチャ（ＮＤＳＡ：National Defense Space Architecture）』の構想を立ち上げ、衛星光通信ネットワークの構築に向けた研究開発を加速している。

欧州でも、欧州委員会が二〇二二年二月、ＥＵ独自の衛星通信網の構築計画を策定する規則案を提出した。

日本では、ＪＡＸＡ（国立研究開発法人宇宙航空研究開発機構）が、大型の衛星間光通信や地上局との双方向光リンクの実験に成功している。民間事業者でも、衛星光通信ネットワークのビジネス化に向けた取組が行われており、たとえばＮＴＴとスカパーＪＳＡＴは一八〇億円を出資し、持続可能な社会の実現に向けた新たな宇宙統合コンピューティング・ネットワーク事業を担《にな》う合弁会社Ｓｐａｃｅ Ｃｏｍｐａｓｓを、二〇二二年七月に設立した。

しかし、低軌道小型衛星間の光通信については、国内外でも実証の途にある。

そこで、「低軌道衛星間光通信技術」「自動・自律運用可能な衛星コンステレーション・ネットワークシステム技術」「高性能小型衛星技術」を、「K　Ｐｒｏｇｒａｍ」で支援対象とする「重要技術」とした。そして二〇二三年三月二七日に、採択が公表されている。

この研究開発の成果が社会実装され、観測衛星コンステレーションと併せて衛星間光通信ネットワークを構築できたなら、観測衛星から観測データを使うエンドユーザまで、大容量・低遅延でのデータ通信・データ処理のサービスを提供することが可能となる。

では、安全保障上の変化は何か。我が国周辺海域や懸念国の動向について、高画質の画像や動画など大量のデータを取得し、即時（一秒以内）に地上へダウンロードして、状況の把握に活用することもできるようになる。

また民間企業においては、衛星間光通信ネットワークを活用すれば、グローバルに通信サービスを提供することができるようになる。

日本が先行する多波長赤外線センサ

昨今の国際情勢の下《もと》、宇宙空間を活用した情報収集能力の向上が求められている。特に衛星を活用し、地上や海洋における脅威やリスクをはじめとする状況を高精度で効率的に把握する重要性が高まっている。

衛星リモートセンシングには、光学センサ（可視、赤外、熱赤外など）、マイクロ波センサ（合成開口レーダー、放射計など）がそれぞれ利用されているが、多種多様な情報収集には解像度（分解能）、観測頻度（観測幅、回帰日数）に一定の限界が存在する。

各国が各種リモートセンシング技術の高度化を進めるなか、我が国は二〇二一年四月、宇宙実証用のハイパースペクトルセンサ「ＨＩＳＵＩ」の定常利用を開始した。日本の「ＨＩＳＵＩ」は、多波長センサのなかでは世界最高レベルの性能を誇る。しかし多目的利用に向けては、各種分解能（空間分解能、波長分解能、輝度分解能）や観測頻度（観測幅、回帰日数）など、観測性能の高度化に課題がある。「ＨＩＳＵＩ」はデータ取得頻度が非常に低く、地球全球のデータを得るのに約三年間が必要だ。

また現状、小型衛星に搭載可能な小型・軽量で高性能な多波長赤外線センサは、国内外において存在しない。

この多波長赤外線センサとは、地上のすべての物体がその温度に応じて放出している電磁波や太陽光の反射波を観測して、その物体の温度や物質（CO_2など）等に関する情報を得るセンサだ。

既存の赤外線センサは波長を分別する能力がなく、センサが受信した波長範囲の総和としてしか計測できない。しかし、多波長赤外線センサは幅広い波長帯を観測し、これを波長ごとに分解（分光）して計測することができる。ゆえに多用途に使うことができ、かつ、より高精度にセンシングできる。

多波長赤外線センサの開発・実証、多波長データの利用・研究においては、日本が先行している。

近年、米国の海軍研究所（ＮＲＬ：Naval Research Laboratory）、米国のノースロップ・グラマン社、ドイツのフラウンホーファー研究機構など、海外の企業・大学・研究機関でも、多波長センサを小型衛星に搭載する研究が複数発表されている。

しかし現時点では、前記の通り、データ・研究・人材の蓄積のある我が国に総合的な優位性がある。他方、実証のスピード感については我が国が後《おく》れを取りつつあるため、取組の加速化が必要だ。

高感度小型多波長赤外線センサの中核技術は、「分光技術」と「赤外線検出器」だ。「分光技術」については日本が国際的な優位性を持つが、「赤外線検出器」については米国が先行している。

そこで、「小型かつ高感度の多波長赤外線センサ技術」を、「Ｋ　Ｐｒｏｇｒａｍ」で支援対象とする「重要技術」とした。そして二〇二三年三月二七日に、採択が公表されている。

この研究開発の成果が社会実装され、高感度小型多波長赤外線センサを小型衛星コンステレーションやドローンに搭載し、観測することが可能になれば、各種分解能や観測頻度が向上する。すると高温飛翔体などの「熱源探知能力」や船舶動静など「海洋状況把握能力」が大幅に向上し、我が国の安全保障に大きく貢献する。

また、ニッケルやコバルトなどの重要鉱物資源探査の効率的な実施や、サプライチェーンの稼働率計測の高精度化にも資する。

さらに、CO_2やメタンなどの温室効果ガスの排出状況の把握、小麦の生育状況の把握、森林やマングローブの樹種《じゅしゅ》分類や劣化状況の把握、大きなCO_2排出源である泥炭地《でいたんち》の監視など、様々な民生分野で活用できるだろう。

世界初となる大型デブリ除去実証を行う衛星

安全保障や経済・社会活動において、宇宙システムの重要性が、一層高まっている。なかでも軌道上の衛星は、通信、情報収集、測位、気象観測などに不可欠な重要インフラとなっている。国民生活や経済・社会活動にとって不可欠な基盤となっているといっても良いだろう。

他方、宇宙空間の持続的かつ安定的利用を妨げる脅威やリスクは増大している。たとえばスペースデブリ（宇宙ゴミ）の増加だ。

高速で回転しながら宇宙空間を飛ぶスペースデブリがＩＳＳ（国際宇宙ステーション）や船外活動中の宇宙飛行士に衝突すると、飛行士の命に関わる事態も起こり得る。各国の衛星に衝突し、破壊してしまうリスクもある。

過去に中国やロシアが行った衛星破壊実験によって飛散した多数の小型デブリもあるが、寿命を終えた衛星や、衛星打ち上げ時のロケット上段も、大型デブリと化している。

私は宇宙政策担当大臣として、二〇二三年六月一三日に閣議決定した『宇宙基本計画』の策定に携《たずさ》わった。同計画のなかで、軌道上の衛星の寿命延長や燃料補給技術を通じた新たな市場開拓の支援やサービスの実用化を挙げた。これらによってスペースデブリの数が一定程度まで管理された状態を実現するためだ。そして、それに向けた軌道上サービス技術を早急に確立することを示した。

現在の宇宙システムでは、運用中の衛星に燃料枯渇《こかつ》や機器故障といった問題が生じた際、解決する手段に乏しい。

衛星の寿命を制約する主な要因の一つは燃料積載量だが、衛星の大きさや重量などの制約があり、打ち上げ時に充塡《じゅうてん》できる燃料には限界がある。

我が国の輸送システムや財政的リソースに限りがある状況を踏まえれば、衛星の入れ替えや再開発等をタイムリーに実施することが困難な場面が数多く想定される。それだけに、一度打ち上げた衛星のライフサイクルを適切に管理することが重要となる。

欧米の企業では、衛星への燃料補給技術プロジェクトが構想され始めているが、事業化レベルで燃料補給システムが実証された事例は、まだ報告されていない。

一方、ロシアはISSへの燃料補給実績を有するが、これは推進モジュールを搭載した補給船を取り付けて軌道を移動させるものであり、日本がこれから獲得を目指そうとする技術とは異なる。中国は天宮《てんきゅう》（中国宇宙ステーション）への燃料補給実績があるという報道がある。

日本は、世界でも最先端の「軌道上における接近・捕獲技術」の保有国だ。

JAXAは、技術試験衛星Ⅶ型「きく7号」（ETS-Ⅶ）により、ランデブー・ドッキング技術（宇宙で二つの物体が近づき、結合する技術）や宇宙用ロボット技術を獲得し、ISSへの「こうのとり」（HTV）による物資補給ミッションも完遂《かんすい》している。

またJAXAは、民間スタートアップのアストロスケールとともに、スペースデブリ（ロケット上段）を対象とした接近・近接運用やターゲット運動の把握などを行う『商業デブリ除去実証（CRD2）プログラム』を実施している。そして二〇二六年度以降、世界初となる大型デブリ除去実証を行う衛星を打ち上げる予定だ。

また文部科学省では、ＳＢＩＲ（Small Business Innovation Research）フェーズ３基金を活用し、衛星等を対象としたスペースデブリ低減に必要な技術開発・実証に係る支援を、二〇二三年度に開始した。

スペースデブリ低減に向けた取組が進むなか、寿命を終えた衛星デブリを増やさないために、「衛星の寿命延長に資する燃料補給技術」を、「Ｋ Ｐｒｏｇｒａｍ」で支援対象とする「重要技術」とした。

そして、以下を見据えた技術の獲得を目指していく。

①協力衛星（軌道上サービスを受けるための準備が予《あらかじ》め用意されている衛星）を対象とした宇宙空間における燃料補給技術の確立

②非協力衛星（軌道上サービスを受けるための準備が予め用意されておらず、自力で姿勢を制御することができない衛星）への対象拡大

これらは二〇二四年五月末現在、公募審査中である。

こうした研究開発の成果が社会実装されると、何ができるようになるか？　官民問わず、

高額かつ重要な衛星の運用期間の延長、他軌道への遷移《せんい》（ミッション拡張、運用終了後のデブリ化防止）のほか、他の軌道上サービス（部品交換など）への技術応用、制御不能衛星のデブリ化防止、制御機能代替による運用期間延長などへの活用が可能になるだろう。結果的に、衛星の開発や打ち上げコストが削減されるなど、宇宙システム全体の高度化とレジリエンスの強化につながる。

我が国が圧倒的に強みを持つ技術分野なので、国際的なサービスの事業化を通じて、日本に大きな富を呼び込めることを期待している。

宇宙では必ず国産技術を

宇宙空間の安全保障上の重要性は、これからも一層高まると考えられる。衛星観測能力や情報収集技術を海外に依存することは、それ自体が我が国の安全保障の脆弱性《ぜいじゃくせい》につながる。必ず国産技術を有する必要があるのが、宇宙技術の分野なのだ。

「低軌道衛星間光通信技術」「自動・自律運用可能な衛星コンステレーション・ネットワークシステム技術」「高性能小型衛星技術」については、世界に先駆けて衛星間光通信技術を実証し、総合的なシステムとして自動・自律運用可能な小型衛星コンステレーション・ネットワークシステムを確立する。そのことによって、衛星通信能力の抜本的強化を図ることができる。

「小型かつ高感度の多波長赤外線センサ技術」については、世界最高水準の我が国の技術をもとに、小型衛星やドローンに搭載して観測頻度の向上を図ることが可能な小型・高感度の多波長センサ技術を世界に先駆けて確立する。そのことによって、技術優位性の獲得が狙える。

特に赤外線検出器は、弾道ミサイルや高速飛翔体の発射検知・追尾、また暗視センサとして、安全保障の用途で使用することができる。その熱源探知能力から、世界的に輸出規制がかけられており、調達が困難だ。よって、自国生産能力を強化し、我が国の自律性を確保する必要がある。

また、自然災害のリスクや被害状況の把握、ニッケルやコバルトなどの重要鉱物資源の探査にも利用する。すると有事への機動的な対応が可能になり、重要な鉱物資源の確保にも資する。

「衛星の寿命延長に資する燃料補給技術」については、我が国が優位性を持つ衛星への接近・捕獲技術を発展・強化する。そうして軌道上の衛星への燃料補給技術を世界に先駆けて獲得する。結果、技術的な優位性の獲得と自律性を確保できるはずだ。

急速充電・長寿命の次世代蓄電池

社会の電化・デジタル化が進むなか、蓄電池の重要性も増している。

蓄電池は、モビリティの電動化、5G通信基地局やデータセンターなど重要施設のバックアップ電源としても活用され、さらには各種IT機器にも用いられている。デジタル社会の基盤を支えるために不可欠なインフラといっても過言ではない。また領域を問わず、無人化などの課題を解決するためにも重要な要素となる。

建機、重機、船舶など、ハイパワーを要する大型モビリティには、電動化の大きなポテンシャルがある。特に運輸部門では、フォークリフトなどの産業機械や船舶・飛行機などの輸送用機器の蓄電池については、今後、市場が拡大すると見込まれる。

また、深海という特殊環境下における高稼働性を担保するために潜航時の動力源として潜水艇に搭載されるなど、蓄電池の公的なニーズも高まっている。

現在、我が国では、EV（電動車）やPHEV（プラグインハイブリッド車）などの走行距離を延ばすことを目指して、蓄電池パックの体積エネルギー密度が現行の二倍以上となる七〇〇～八〇〇Wh／L以上の「高容量系蓄電池」や「高入出力系蓄電池」の開発を行っている。加えて、材料、省資源材料、低炭素製造プロセス、蓄電池のリサイクル関連技術の開発も実施している。

たとえば、以下のような取り組みだ。リチウムイオン電池の負極《ふきょく》に従来とは異なる材料である酸化物負極を用いてハイパワー化し、信頼性（寿命・安全性）にも優れたものとする。電池の電解質に不燃の水溶液を用いる。こうした試みは、日本が優位性を確保し得る技術として、一部の企業で進行している。

また希少鉱物に頼らなくて済むように、リチウムイオン電池よりもさらに性能の向上が期待される「革新型電池（ハロゲン化物、亜鉛負極電池等）」の研究開発も行われている。新しい電池技術の分野においても、技術的な優位性を維持しようとしているのだ。

他方、港湾で活用されるコンテナトラックやクレーン、農業や鉱業で活用されるダンプトラックをはじめとする重機・建機など大型モビリティの電動化に当たっては、高い安全性・耐久性と、過酷な温度域における高入出力性といった優れた性能が求められる。

しかし、これらの要求をすべて満たす性能の蓄電池は存在せず、大型モビリティ等の電動化のボトルネックとなっている。

そこで「ハイパワーを要するモビリティ等に搭載可能な次世代蓄電池技術」を、「ＫＰｒｏｇｒａｍ」で支援対象とする「重要技術」とした。

高性能を実現する蓄電池材料や、それを用いた蓄電池セルの研究開発および試作品の検証、さらに大型モビリティへの実装を想定した性能シミュレーションやパックの性能検証を実施する。

二〇二三年七月三日に、採択が公表されている。

この研究開発成果が社会実装されると、大型重機・建機などのモビリティの電動化に応用し、脱炭素化に向けた取組を加速させることができる。

ハイパワーで超安全、そして長寿命であることから、大型船舶の駆動用電源として用いられている鉛電池の課題も克服できる。というのも、鉛電池は電解液に強酸である硫酸《りゅうさん》を使用しているため、破損時の危険性が高く、メンテナンスが必要だからだ。

推進力に優れた代替電源として、航続性に優れた燃料電池とハイブリッド利用をすることによって、大型船舶の推進力と航続距離の双方を満たす超安全な電源を実現することができるはずだ。

日本だけの技術で「酸化物型全固体電池」を

本章で述べてきた通り、近年、人工衛星からの情報は日常的に活用され、また災害時における重要性も高まっている。人類の活動領域は、本格的に宇宙空間に拡大しつつある。

また、レアメタルやレアアースなどの海洋資源の開発、洋上風力発電の利用など、我が国の領海における国益確保の重要性も増している。

このような背景から、宇宙空間、海洋、島嶼《とうしょ》といった孤立した極限の環境下においても、蓄電池の需要が高まっている。

我が国では高性能の蓄電池と材料の開発が進められているが、前記の孤立した極限の環境下において使用される蓄電池には、現行のリチウムイオン電池と同程度の「高いエネルギー密度」を保持し、海上・航空輸送時や事故・衝撃時における「耐久性・安全性」に優れ、「長期間メンテナンスフリーで運用可能」でもあり、「幅広い温度域でも動作」するといった優れた特性が求められる。

このような要求を満たす蓄電池として、「全固体酸化物電池」に期待が集まっている。「全固体電池」に関しては、高性能材料の開発、そして界面《かいめん》制御といった基幹的技術において、日本が優位性を持っている。材料、電池、電動機器の各レベルにおいて、強みを有しているのだ。

この「全固体電池」には「硫化物型」と「酸化物型」がある。

「硫化物型」は、日本のアカデミアと企業における研究と技術開発が積極的に進められており、これを搭載した電動車が、二〇二〇年代後半にも実用化される見込みだ。

しかし、「硫化物型」は、破損時に硫化水素ガスを発生させる懸念があり、より安全性の高い「酸化物型」への期待が高い。

「酸化物型全固体電池」についても、我が国では大型化に向けた基礎的な研究開発が行われている。低温焼結が可能な材料や界面抵抗を低減する材料の研究開発や、固体電解質の電気伝導性の向上などだ。

さらに、セラミックスをはじめとした酸化物系材料を取り扱う国際的な素材メーカーを数多く擁している点も、我が国が高い競争力を有している背景として挙げることができる。それに加えて、ワイヤレスイヤホンといったウェアラブルデバイスや、ＩｏＴなど電力使用量が比較的少ない小型機器向けのチップ型小型電池は、すでに上市《じょうし》されている。産学ともに強みを有しているのだ。

「全固体電池」については、欧州、米国、中国、韓国など各国で、それぞれ研究開発プロジェクトが精力的に進められている。しかし「酸化物型全固体電池」については、諸外国においても、大型化・大容量化するための技術は確立されていない。

そこで、「孤立・極限環境に適用可能な次世代蓄電池技術」を、「Ｋ　Ｐｒｏｇｒａｍ」で支援対象とする「重要技術」とした。

発火リスクが少なく、広い温度域での動作が可能であり、優れた耐久性・安全性を有する「酸化物型全固体電池」に焦点を置き、「大型化を実現するプロセス技術」「高出力・高エネルギー密度を実現する積層化技術」といった要素技術の確立を目指す。

二〇二四年五月末現在、公募審査中である。

この研究開発の結果が社会に実装されると、孤立・極限環境における電動化と無人化が促進される。そして脱炭素化のみならず、人工衛星やドローンの長期運用も可能となるだろう。また、船舶、ドローン、航路標識（灯台など）、災害救助用ロボット、災害時の非常用電源などへの適用も期待できる。

以上のように蓄電池は、国民生活や経済活動が広く依拠《いきょ》する物資であり、今後、さらに多くの製造業の生産活動に影響を及ぼすようになる。そのため、経済安全保障の観点からも重要な物資だといえる。

元来、蓄電池について、日本は技術的な優位性を有しているが、海外メーカーも積極的な研究開発投資を行っている。我が国が十分な研究開発を怠《おこた》れば、蓄電池を海外からの供給に依存することになり、地政学的な事情などによって供給が途絶《とぜつ》するリスクが生じ得る。

次世代蓄電池技術を確立することによって、技術の自律性と優位性の獲得を狙うことができるのだ。

サイバーセキュリティに関する研究開発の現状

次は、サイバー空間における課題と取組、サイバーセキュリティに関する研究開発について述べたい。

サイバー空間を構成する電子機器やシステムのサプライチェーンの複雑化、グローバル化、またオープンAPI（Application Programming Interface：ソフトウェアやプログラム、そしてWEBサービスのあいだをつなぐインターフェース）やOSS（Open Source Software：ソースコードの改変や再配布が自由に認められている無償のソフトウェア）の普及など、サイバー分野におけるサプライチェーンを取り巻く環境は、いま一層、複雑化している。

また、サプライチェーンの過程で不正機能が埋め込まれるリスクが顕在化《けんざいか》しており、不正なプログラムや回路が仕込まれていないことを検証するための技術が求められている。

ファームウェア（コンピュータ等に内蔵されているデバイスを制御するためのソフトウェア）・ソフトウェアについては、不正機能につながり得る未知の脆弱性などを検証する技術は存在するが、必ずしも不正機能検証に係る技術の体系化はなされていない。

NISC（内閣サイバーセキュリティセンター）では、サプライチェーンリスクに対応するための技術検証体制に関する調査を実施している。この調査においては、今後の課題として、発見された不正機能が意図をもって埋め込まれたものかどうかを評価する手法の検討、検証対象機器の拡大、検証内容の高度化などが挙げられている。

ただ、脅威が巧妙化・多様化するなか、すべての不正機能の組み込みを事前に検知することは難しい。運用開始後に不正機能が組み込まれるリスクも含めて、仮に運用開始前に検知・無害化できなかったとしても、システムやサービス全体として被害を最小限に抑えることが必要になる。また、運用を維持・継続できるレジリエンス性を高めることも重要だ。

米国では、DARPA（国防高等研究計画局）の研究プログラムで「サプライチェーンセキュリティ」が採択され、ガイドライン作成やブロックチェーン連携などの研究を促進している。

また欧州では、ソフトウェア検証など要素技術の研究が盛んに行われている。二〇二二年一一月二八日には、欧州連合理事会が、主として重要インフラを対象としたセキュリティ強化のため、ネットワークと情報システムのセキュリティに関する新たな決定をした。それが『A high common level of cybersecurity across the Union』である。二〇一六年に成立した指令を改訂し、セキュリティ対象となる分野の拡大や、サイバーレジリエンスの強化などを行うものだ。認証フレームワークの策定も進めている。

日本市場では、情報セキュリティ製品については、外資系企業のシェアが高い。『令和四年版情報通信白書』で見ると、二〇二〇年は、外資系企業が五六％、国内企業が一二％、その他三二％（シェア率二％未満の企業）となっている。サイバーセキュリティ製品は、多くを海外に依存している状況が続いている。

そこで、「ファームウェア・ソフトウェアの不正機能検証技術」を、「K Program」で支援対象とする「重要技術」とした。

電子機器やシステムのファームウェア・ソフトウェアに、これらが不正な振舞いを起こすような機能が混入されていないか検証する技術だ。二〇二四年五月末現在、公募審査中である。

この研究開発の成果が社会に実装されると、ＩＣＴ機器などのファームウェア・ソフトウェアに、バックドア（攻撃者がＩＣＴ機器の管理者に気づかれないように不正に侵入するための入り口）や不正ロジック（たとえば特定の条件下でソフトウェアを強制的に終了させるなど仕様と異なる動作を行わせる機能）、無断通信（仕様では定義されていない通信など）の不正機能が仕込まれていないかを、効率的かつ安定的に検出・検証することが可能となる。

また、攻撃を受けた場合に、事業やサービスへの影響を最小化することも可能となる。

政府機関による公的な利用や民間企業による利用が進むことにより、我が国のセキュリティ検証基盤が整備されるだろう。

ハードウェアの不正機能検証技術

ＩｏＴ機器は、全世界で、二〇二一年の約二九〇億台から二〇二四年には約四〇〇億台に増加すると予測されてきた。ゆえにＩｏＴ機器を狙ったサイバー攻撃も、二〇二〇年は二〇一七年と比較し約三・三倍に増加している。

また二〇一八年五月、世界半導体会議が『不正な半導体に関する白書』を発行し、世界的に偽造半導体の流通が問題となっていることに対して注意喚起を行った。このように、半導体などのハードウェアに対する信頼性の確保が課題となっている。

日本では、『ＳＩＰ（戦略的イノベーション創造プログラム）』において、二〇一五～一九年度に、「重要インフラ等におけるサイバーセキュリティの確保」として、半導体に対する外部からの侵襲性《しんしゅうせい》・非侵襲性攻撃技術および攻撃に対する対策技術の研究開発が実施された。

また、二〇一八～二二年度には、「ＩｏＴ社会に対応したサイバー・フィジカル・セキュリティ」として、製造過程および出荷後に機器の構成基板上に実装され得るハードウェアトロージャン（ＩＣチップや回路基板に密かに挿入された不正回路）を検出する研究が実施された。

これらの研究開発プロジェクトによって、半導体への外部攻撃（外部から行う内部構造や記録データなどの解析・改竄《かいざん》など）に係る対策や、ＩＣチップなどに追加された不正回路を検出する技術に関する基礎理論の構築を行ってきた。

しかし、半導体や電子機器に係る「セキュリティ要求仕様の定義」や「実用化に向けた技術開発・実証」は実施されていなかった。そこで「ハードウェアの不正機能検証技術」を、「Ｋ Ｐｒｏｇｒａｍ」で支援対象とする「重要技術」とした。

半導体の設計時の回路情報（ＩＰコア）に不要な機能が混入されていないか、仕様で定められていない部品が混入していないかなどの検証について、必要な要素技術の特定と、その技術の開発を行っていく。

二〇二三年六月二九日に、採択が公表されている。

この研究開発の成果が社会実装されると、我が国のセキュリティ検証の基盤が確立されていくだろう。

たとえば、クラウドのセキュリティを担保するためには、以下のような攻撃に対する耐性評価を行うことができる。プライベートクラウドやインテグレーションハブなど機密性の高いデータが扱われる機器に用いられる半導体などに対する、サイドチャネル攻撃（暗号処理をするコンピュータの物理的な特性を外部から観察・測定することで内部情報の取得を試みる攻撃）、そしてエミッション攻撃（電磁障害による攻撃）だ。

また、攻撃を受けると経済・社会への影響が大きい重要インフラや工場などの制御装置・システムに用いられる半導体等に対し、製造過程や出荷後といった各過程において、ハードウェアトロージャンなどの不正機能が含まれていないかを検証するサービスが提供されることも想定される。

先進的サイバー防御機能

サイバー空間の「公共空間化」が進展し、あらゆる情報がサイバー空間に集積されるようになった。昨今は、ＡＩ（人工知能）を悪用した攻撃など新たなサイバー攻撃のリスクや、量子計算機の活用に伴う既存暗号の危殆《きたいか》化によってデータが漏洩《ろうえい》するリスクが顕在化している。

次々に新たな攻撃技術が生まれるなか、高度なサイバー防御を図るためには、官民の対応能力を飛躍的に向上させる必要がある。サイバー空間の状況を適切に把握し、攻撃技術に対する知見を蓄積して、ＡＩや量子計算機の防御能力を高度化するのだ。

また、データが漏洩するリスクに対する新たな技術も求められている。

こうしたサイバー攻撃に対処するためには情報の蓄積が不可欠であり、新たに確認された情報と既知《きち》の情報を照合し、対策を実施することが重要だ。しかし、産官それぞれが有する情報の統合と分析能力のばらつきが課題となっており、我が国に対しどのような攻撃がなされているか、その全容を把握することが困難な状況にある。

また、攻撃主体が先進技術を率先して転用する傾向があるなか、ＡＩ、脆弱性探査技術、量子計算機技術の発展に対処することが課題となっている。これらは既存の攻撃のあり方を変容させる可能性を秘めているが、根本的かつ実用的な対処方法は存在していない。

米国では二〇一九年、『Federal Cybersecurity Research and Development Strategic Plan』が発表され、研究開発目標が掲げられた。「サイバーセキュリティの人的側面の理解」「効果的かつ効率的なリスク管理の提供」「悪意のあるサイバー活動を抑止し、対抗するための効果的かつ効率的な手法の開発」「統合的な安全、セキュリティ、プライバシーのフレームワークと手法の開発」「持続可能なセキュリティのためのシステム開発・運用の改善」の五項目だ。

一方、欧州では二〇二〇年、『EU Cybersecurity Strategy』が策定された。そうして次期長期ＥＵ予算、特に『Digital Europe Program』や『Horizon Europe』などを通じて、ＥＵのデジタル移行に際し、サイバーセキュリティ戦略の支援に取り組むこととされた。

我が国でも、内閣府の『ＳＩＰ（戦略的イノベーション創造プログラム）』において、ＩｏＴシステム／サービスおよび中小企業を含む大規模サプライチェーン全体を守る「サイバー・フィジカル・セキュリティ対策基盤」に係る研究開発を実施している。

ＮＩＣＴ（国立研究開発法人情報通信研究機構）やＡＩＳＴ（国立研究開発法人産業技術総合研究所）でも、それぞれ「サイバー攻撃の観測・分析・可視化・対策技術」「セキュリティ向上のための検証・評価・保証に関する技術」「耐量子計算機暗号等を含む新たな暗号・認証技術」「プライバシー保護技術の研究開発」「サイバーセキュリティ人材の育成」などが行われている。

また、量子暗号技術分野の研究開発として、「データの伝送相手に暗号鍵を配送する手法」（ＱＫＤ：Quantum Key Distribution）の研究が進められているが、盗聴などへの対策については、「既存暗号の計算量的安全性」に頼ることに留まっている。

この「既存暗号の計算量的安全性」とは、暗号を解読するために必要な計算量が安全性を保ちたい期間内で解読可能にならない場合、その暗号は計算量的に安全であるとするものだ。

しかし量子計算機によって計算能力が高まれば、暗号が解読可能になる可能性がある。そこで「サイバー空間の状況把握・防御技術」と「セキュアなデータ流通を支える暗号関連技術」を、「K　Program」で支援対象とする「重要技術」とした。

前者では、「サイバー空間の情報を収集・調査する状況把握力」(状況把握力)と「サイバー攻撃から機器やシステムを守る防御力」(防御力)を中心とした研究開発を行う。

後者では、「量子雑音暗号技術」(盗聴者に暗号文を傍受《ぼうじゅ》させないことを特徴とする光通信向けの暗号技術。量子雑音を利用して情報をマスクする)に関する研究開発や、「高機能暗号技術」(セキュアなデータ流通を実現するためのセキュリティ、機能性、効率性を有する暗号技術。暗号化したまま計算する、復号者を限定するなど、様々な機能を有する)に関する研究開発を行う。

二〇二四年五月末現在、「サイバー空間の状況把握・防御技術」と「量子雑音暗号技術」は公募審査中で、「高機能暗号技術」については公募中である。

これらの研究開発の成果が社会実装されると、未知の攻撃を含む現在進行形の攻撃を検出し、分析するための技術的能力が構築される。それとともに、各種攻撃・攻撃者の分析・分類の結果を統一的に集約・管理・共有することが可能となる。

AIや量子計算機など技術進歩に伴うサイバー攻撃手法の変化を検証し、サイバー攻撃から機器やシステムを守るための能力を獲得することも期待できる。

盗聴などへの対策としては、データ流通のライフサイクル全体でデータ保護を達成し、安全性が計算機能力に影響されない暗号技術も確立できるだろう。

サイバー攻撃からＡＩを守りＡＩで対応

広範な産業領域や社会インフラなどで、ＡＩ技術が大きな影響を有する状況となった。そこで我が国においても、ＡＩセキュリティに係るリスクが顕在化した際には自ら解決できるよう、産学官の技術力を高める必要がある。

ＡＩセキュリティとは、以下の総称である。ＡＩに対する不正アクセスによって秘匿性《ひとくせい》の高い学習データが復元されて漏洩する、あるいは意図的にＡＩの誤認識を誘発して機能不全に陥《おとしい》れるといったリスクから「ＡＩそのものを守るサイバーセキュリティ（Security for AI）」、そして「サイバー攻撃への対応にＡＩを活用するサイバーセキュリティ（AI for Security）」だ。

サイバーセキュリティのなかで、ＡＩセキュリティは最もホットな研究分野の一つであり、同分野に参入する研究者は増加傾向にある。

個別の研究課題が進みつつあるが、ＡＩセキュリティは、ＡＩとセキュリティの境界領域であるがゆえに、研究者や技術者のコミュニティが十分に醸成されていない。

ＡＩセキュリティに関しては、学会で採択される論文の著者の約半数は米国だが、各国が注力し始めている。

米国のＤＡＲＰＡ（国防高等研究計画局）は、二〇一八年に『ＡＩネクスト』という総額二〇億ドル超を助成するキャンペーンを開始した。そのなかでＡＩセキュリティに関する取組を推進している。

我が国では、総務省が二〇二〇年にＡＩセキュリティの研究開発に関する調査検討会を開催したほか、二〇二一年九月に閣議決定した『サイバーセキュリティ戦略』にも含まれている。

「ＡＩそのものを守るサイバーセキュリティ」については、意図的にＡＩの誤認識を誘発して機能不全に陥れるなどのリスクが懸念されている。しかし、セキュリティ面での脆弱性がどのようなものであるのかについては、国際的にも十分には理解されていない。機密性などの基本的な考え方や社会的側面への影響に関する知見が十分に蓄積されていないのだ。

「サイバー攻撃への対応にＡＩを活用するサイバーセキュリティ」については、リスク分析など、商用のサービスも進んでいる。他方、前記した通り、攻撃そのものにＡＩ技術を悪用した攻撃手法が広まるなど、新たなリスクへの対応が課題になっている。

そこで、「ＡＩセキュリティに係る知識・技術体系」を、「Ｋ　Ｐｒｏｇｒａｍ」で支援対象とする「重要技術」とした。二〇二四年五月末現在、公募審査中である。

日本でAIセキュリティに係るリスクが顕在化した場合、国内の機関からセキュリティ技術を調達し、自らの技術力で課題を解決できるようになることを期待している。

偽情報を検知し評価する技術

すでにインターネットの活用が国民生活の一部となっており、SNSなどを用いた個人や特定の組織による情報発信が日常化している。

ただ残念なことだが、「ディスインフォメーション（偽情報）」と呼ばれる信憑性《しんぴょうせい》に欠けた情報がインターネット上に流布《るふ》され、社会に影響を及ぼすような事例が増加している。

大規模な自然災害や戦争など、緊急時における偽情報は、人命に関わる。株価の乱高《らんこう》下《げ》やサプライチェーンの停止など、国民生活や経済活動に大きな影響を与えるおそれもある。

これらの事例に対処するために議論し、研究や開発が行われているものの、抜本的な技術の体系化はなされていない。ゆえに、情報発信者が意図的に事実と異なる加工などを施《ほどこ》した情報を迅速に発見しなければならない。そして、その影響を見極め、情報の信頼性を確保し、併せて不正な情報に対処することが求められる。

我が国では、企業やアカデミアなどにおいて、「SNS等のテキストデータや会話音声における感情を分析する技術」や「AIが生成したフェイク顔映像を自動判定するプログラム」など、情報の加工自体を発見する技術の開発が進められている。また、「ファクトチェックの推進・普及」を目指す民間団体も存在する。

また米国では、大手プラットフォーマーが、グローバルに研究開発を実施している。たとえば「写真やビデオが人工的に操作されている確率や信頼度スコアを提供するソフト」の実用化が進展している。国防総省においても、「オンライン記事の信頼性を評価する技術」や「誤情報・偽情報を識別する技術」の研究開発が行われている。

また、英国、フランス、イスラエルなどのスタートアップでは、「AIを用いた画像のファクトチェック機能をアプリで提供」するものなど、偽情報を分析する研究が加速化している。

ただし、これらは「文書・画像などの個別の情報に対する偽情報の分析」に留まっており、「SNSやニュースの内容自体の信頼性を確認し、分析・対処を統合的に実施するもの」は存在していない。

そこで、「偽情報分析に係る技術」を、「K　Program」で支援対象とする「重要技術」とした。二〇二四年五月末現在、公募審査中である。

最新の技術動向やユースケースを調査し、必要な技術の特定を行いつつ、「偽情報の検知と脅威の評価に資する要素技術」の開発、「システム化技術」の開発を行う予定だ。

この研究開発の成果が社会実装されると、情報加工の有無の見極め、情報発信時点の不自然性や事実の歪曲《わいきょく》など、エビデンスを踏まえた判定分析・評価ができるようになる。インターネットやSNSに流布された偽情報に対し、それを打ち消す報道や政府による真情報の発信のため、支援するツールが整うことを期待している。

重要になった偽情報に対処する技術

ここまでサイバーセキュリティに関する研究開発について紹介したが、同分野は、特に経済安全保障上の意義が大きい。あらゆる産業に複雑かつグローバルなサプライチェーンを経由する製品やサービスが浸透し、ＩｏＴ機器の利活用が拡大するなか、そのセキュリティ確保に不可欠な技術を他国に安易に依存することはできないからだ。

「ファームウェア・ソフトウェアの不正機能検証技術」や「ハードウェアの不正機能検証技術」を獲得することは、巧妙化・多様化するサイバー攻撃の起点となり得る箇所を事前に検知し、広範囲な経済社会に影響するサイバー攻撃のリスクを回避することにつながる。そして、インシデント発生時の原因究明や影響の把握にも資する。

「サイバー空間の状況把握・防御技術」と「セキュアなデータ流通を支える暗号関連技術」の獲得は、政府や重要インフラ事業者が機密性の高い情報を扱うことができる信頼性の高いサイバーセキュリティ基盤の構築につながり、我が国の自律性確保を可能とする。「ＡＩセキュリティに係る知識・技術体系」についても、経済安全保障に係る分野でＡＩのニーズが高まることが想定されるなか、具体的なＡＩシステムを対象としたセキュリティ技術を開発することで、我が国の自律性を確保できるようにするものだ。

また、攻撃者の視点から知見を得る「オフェンシブセキュリティ」というアプローチから研究開発を進め、我が国としての技術を獲得する必要がある。自動運転などＡＩ実装が見込まれる社会システムを視野に、そのセキュリティ確保を海外に依存してはいけない。「偽情報分析に係る技術」については、インターネットやＳＮＳに流布された偽情報は、対象の印象やそれに基づく意思決定を発信者の意図する方向に導くことを目的とする場合がある。人命に関わるリスクや経済への悪影響のみならず、我が国の政策決定にも大きな影響を与えるおそれがある。そのため、社会の安定や自律的な経済活動を維持するための基盤を構築しておくことが、ぜひとも必要となる。

また、偽情報に対処する技術について世界的なニーズが高まるなか、そうした技術の獲得を目指さなければならない。そして、それを新産業の創出や国際競争力の強化につなげ、我が国の優位性ひいては不可欠性の確保を目指すべきだ。

有事に必要となり日本が優位性を持つ止血製剤

本章の最後に医薬品の重要性を、なかでも特に止血製剤について、述べたい。

感染症の流行、地震、火山の噴火などといった突発的な有事に対し、その被害を最小限に抑えることは重要だ。そのため、我が国が自律性を確保した形で「備え」を有することが戦略的に求められる。

なかでも医薬品は、重度外傷者等の救命・救急医療には必要不可欠であり、平時から有事に備えた供給体制の構築を進めておかなければならない。

止血製剤の場合、現状、我が国ではヒトの血液から精製したものが製造・販売されている。その需給バランスは均衡している一方、製品の寿命は採血から四日間と短く、かつ摂氏《せっし》二〇～二四度で振盪《しんとう》保管（揺れ動かしながら行う保管法）しなければならないといった性質のため、その用途の大部分が予め使用を計画できる「待機用途」に限定されている。

このため、たとえば重度外傷を負った被災者への輸血など、突発性の緊急的事案に対しては、十分に対応できているとは断言できない。

我が国においては、アカデミアを中心に人工血液製剤に関する研究が行われてきており、動物を対象とする実験で安全性が証明された血小板凝集剤《けっしょうばんぎょうしゅうざい》を開発した実績がある。

海外においても、近年、特に米国や韓国がそれぞれ、国家プロジェクトとして人工血液製剤の研究開発を進めている。いずれにおいても、ヒトへの安全性が証明された人工血液製剤は開発の途上にあり、実現には至っていない。

そこで、「有事に備えた止血製剤製造技術」を、「K Program」で支援対象とする「重要技術」とした。

止血の過程はこうだ。まず血小板が出血部位で活性化されて凝集し、そこに血栓を作る。そして凝固《ぎょうこ》因子と呼ばれる一群のタンパク質が、この血小板の血栓の全体を覆《おお》い、固めることで完了する。

輸血用の止血製剤として、「人工血小板」と「血小板凝集剤（血小板の凝集を促進し、かつ血栓を覆い固める凝固因子）」を開発し、ヒトへの有効性および安全性の確認を行うとともに、「現地連続製造技術」の確立も目指す。

二〇二四年五月末現在、公募審査中である。

この研究開発の成果が社会実装されると、ヒトの血液に依《よ》らず、かつ血液型に依らずに輸血できる止血製剤を、利用現場において連続的に製造することが可能となる。これなら有事はもちろん、平時の需要にも柔軟に対応できる。

このような止血製剤を自律的に供給できる社会インフラを構築することには、国民の皆様の命に係るリスクを低減するという最大の意義がある。加えて海外展開を図ることによって、日本の優位性の獲得にもつながる。

第7章

特許出願
——非公開制度の真の狙い

「特許出願の非公開制度」で何が変わるか

技術力は、いうまでもなく国力の重要な要素だ。技術を適切に活用すれば、国の経済的・社会的な発展をもたらすとともに、我が国を取り巻く安全保障環境の改善にもつながる。

他方、技術のなかには、用いる者や用い方によっては社会の平穏を脅《おびや》かし、さらには国家の安全を損ないかねないものがある。このような技術が外部から行われる行為に使われないように、拡散を防止する仕組みが必要となる。

我が国の特許制度は、発明の保護と利用を図ることによって発明を奨励し、もって産業の発達に寄与することを主眼に置いている。そして、発明者が自らの発明を公開する代償として、特許権という独占的な権利を与えるものとなっている。

また原則として、特許出願の日から一年六カ月が経過したときに、その特許出願について、国が発明を公開する。このため、たとえば特許出願書類に記載されている技術が核兵器などの大量破壊兵器につながる技術であっても、すなわち安全保障上の機微《きび》に触れるものであっても、その内容を公開せざるを得ない。

また、発明者側から見れば、特許権という独占的な権利を確保するためには、本来であれば安全保障上の理由で公開を躊躇《ちゅうちょ》してしまうような発明であっても、公開を前提とする特許出願に踏み切らざるを得ない。

そこで、『経済安全保障推進法』第五章では特許手続に例外を設け、「公にすることにより国家及び国民の安全を損なう事態を生ずるおそれが大きい発明」が記載されている特許出願については、公開などの手続を留保するとした。加えて、その間、必要な情報保全措置を講ずることにより、特許手続を通じた機微に触れる技術の公開や情報流出を防止する制度を設けた。

これまで安全保障上の観点から特許出願を諦《あきら》めざるを得なかった発明者にも、特許出願人として先願の地位を確保できるようにして、『特許法』に基づく権利を受ける途《みち》を開くものである。

なお、『経済安全保障推進法』に規定されるまでは、G20諸国のなかで、機微に触れる技術に関して「特許出願の非公開制度」を有していないのは、日本とメキシコとアルゼンチンだけだった。

本制度の運用は、二〇二四年五月一日から始まった。

非公開の対象となる発明

この制度では、技術分野等によるスクリーニング（第一次審査）と保全審査（第二次審査）

を経て、内閣総理大臣が、「公にすることにより外部から行われる行為によって国家及び国民の安全を損なう事態を生ずるおそれが大きい発明」が出願書類に記載され、かつ、「そのおそれの程度」や「指定した場合に産業の発達に及ぼす影響」「その他の事情」を考慮し、その発明の情報を保全することが適当と認めた場合に、「保全指定」(「保全対象発明」としての指定)をすることとしている。

「公にすることにより外部から行われる行為によって国家及び国民の安全を損なう事態を生ずるおそれが大きい発明」とは、安全保障上の機微性《きびせい》が極めて高いもの、すなわち、国としての秩序の平穏、あるいは多数の国民の生命や生活を害する手段に用いられるおそれがある技術の発明が該当する。

たとえば、「我が国の安全保障のあり方に多大な影響を与え得る先端技術」としては、いわゆる「ゲームチェンジャー」と呼ばれるような技術、すなわち将来の戦闘の様相を一変させるような武器に用いられ得る先端技術だ。宇宙やサイバーなど比較的新しい領域において、深刻な加害行為に用いられ得る技術が挙げられる。

また「我が国の国民生活や経済活動に甚大《じんだい》な被害を生じさせる手段となり得る技術」としては、大量破壊兵器への転用が可能な核技術などが挙げられる。

しかし、これらの技術に該当すれば一律に非公開にするわけではなく、「保全指定した場合に産業の発達に及ぼす影響その他の事情」を考慮して適当と認めた場合に限ることとしている。

この「産業の発達に及ぼす影響」としては、以下の三つの観点がある。

第一に、特許出願人を含む発明関係者の経済活動に及ぼす影響であり、発明内容の開示や実施が原則として禁止されるため、特許出願人を含む発明関係者の経済活動に影響を及ぼすという点だ。

第二に、特許出願人の発明が非公開となれば、特許制度上は保護を受ける先願が非公開で存在することになるため、その先願の存在を知らずに研究開発や投資を行う第三者が現れてしまう可能性が生ずるという点だ。

第三に、我が国で生まれた技術の活用やそれを用いた研究が制約され、経済活動やイノベーションが阻害される可能性が生ずるという点だ。

これらを、総合的に考慮することになる。

技術分野等によるスクリーニングの内容

第一次審査は、特許出願のなかから特定の技術分野に該当する発明が記載されたものを特許庁において定型的に選別し、その出願書類を出願から最大三カ月以内に内閣総理大臣

（内閣府）に送付する手続だ。

内閣総理大臣への送付の対象となる技術分野（特定技術分野）は、『政令』において、特許実務でも用いられている『国際特許分類』（または、これに準じて細分化したもの）に従って定められている。

そのうえで、「特定技術分野」のうち「産業の発達に及ぼす影響が大きい技術分野」については、「付加要件」を定め、その要件に該当するものに限って、内閣総理大臣に送付することとしている。

また送付したときは、特許庁長官が特許出願人に通知する。

「特定技術分野」は『国際特許分類』をもって定めているので、基本的に、第一次審査によって通常の特許出願の手続に遅れが生じることはない。

そして「特定技術分野」と「付加要件」の概要は、次のようなものとなる。

・「特定技術分野」

①航空機などの偽装・隠蔽《いんぺい》技術
②武器などに関係する無人航空機・自律制御などの技術
③誘導武器などに関する技術

④発射体・飛翔体の弾道に関する技術
⑤電磁気式ランチャを用いた武器に関する技術
⑥たとえばレーザ兵器や電磁パルス（EMP）弾のような新たな攻撃または防御技術
⑦航空機・誘導ミサイルに対する防御技術
⑧潜水船に配置される攻撃・防護装置に関する技術
⑨音波を用いた位置測定などの技術であって武器に関するもの
⑩スクラムジェットエンジンなどに関する技術　※
⑪固体燃料ロケットエンジンに関する技術　※
⑫潜水船に関する技術　※
⑬無人水中航走体などに関する技術　※
⑭音波を用いた位置測定などの技術であって潜水船などに関するもの　※
⑮宇宙航行体の熱保護、再突入、結合・分離、隕石《いんせき》検知に関する技術　※
⑯宇宙航行体の観測・追跡技術　※
⑰量子ドット・超格子構造を有する半導体受光装置などに関する技術　※
⑱耐タンパ性ハウジングにより計算機の部品などを保護する技術　※
⑲通信妨害などに関する技術　※

⑳ウラン・プルトニウムの同位体分離技術
㉑使用済み核燃料の分解・再処理などに関する技術
㉒重水《じゅうすい》に関する技術
㉓核爆発装置に関する技術
㉔ガス弾用組成物に関する技術
㉕ガスや粉末などを散布《さんぷ》する弾薬などに関する技術

・「付加要件」

「特定技術分野」で挙げた⑩〜⑲（末尾に※）の技術分野については、次の要件に該当するものに限って、保全審査に付される。

①我が国の防衛、また外国の軍事の用に供するための発明（防衛・軍事）
②国または国立研究開発法人による特許出願（これらの者以外の者と共同で行ったものを除く）に係る発明
③『産業技術力強化法』第一七条または『科学技術・イノベーション活性化法』第二二条の適用を受けた特許出願に係る発明

この『産業技術力強化法』第一七条とは「日本版バイ・ドール制度」のことで、国の委託研究開発に係る知的財産権で、開発者にその利益を帰属させることができる制度だ。この場合、受託者が特許出願人となり得る。

『科学技術・イノベーション活性化法』第二二条とは、本邦法人と外国法人などが共同して行う国の委託研究に係る知的財産権について、国がその一部のみ受託者から譲り受けることができる制度だ。この場合、国と受託者の共同出願となり得る。

これらの「特定技術分野」に該当していなくても、技術の内容を最もよく把握している特許出願人自身が安全保障上の機微性を認識し、特許出願とともに保全審査(第二次審査)に付することを求めた場合には、特許庁長官は内閣総理大臣に送付し、保全審査に付することとしている。

ただし、保全審査に付する必要がないことが明らかであると特許庁長官が判断できる場合には、内閣総理大臣に送付しないこともあり得る。

内閣総理大臣が行う保全審査

内閣総理大臣は、第一次審査を経て特許庁長官から送付された特許出願について、「保全指定」をするかどうかの審査（保全審査）を行う。

保全審査では、内閣総理大臣は、特許出願人や関係行政機関、あるいは外部の専門家などから資料の提供や説明を受けるなどしながら、主に機微性と産業の発達に及ぼす影響の観点から検討を行う。

また保全審査の過程で、内閣総理大臣は、「保全指定」をする可能性がある場合には、特許出願人に対し、予《あらかじ》め「保全指定」の対象となり得る発明の内容を通知する。それとともに、特許出願を維持する場合には、発明情報の管理状況など所定の事項を記載した書類を提出するよう求めることとしている。

「保全指定」の前にこのような通知を行い、書類提出を求めるのは、「保全指定」の判断に必要な情報を収集するとともに、特許出願人の意思で特許手続から離脱する機会を設けるためである。

保全審査に付されたというだけでは、発明内容の開示や公開に制限はかからないが、「保全指定」の対象となり得る発明の内容が内閣総理大臣から通知された時点から、その発明を公開することは禁止される。これに違反すれば保全審査が打ち切られ、特許出願は却下される。

特許出願人は、この通知の場面での取下げに限らず、「保全指定」がされるまでのあいだは特許出願の取下げが可能だ。しかし、その場合は、先願の地位などの出願の効力も失われ、特許制度下の権利は享受《きようじゆ》できなくなる。

保全審査の所要期間について定めはないが、後記する「外国出願の禁止」が日本での特許出願後一〇カ月で自動的に解除されることから、この期間内に終えることとなる。

保全審査が終わるまでは、出願公開と査定（特許査定または拒絶査定）の手続が留保される。

「保全指定」による法的効果

内閣総理大臣が「保全指定」をすると、「特許出願の取下げの禁止」「保全対象発明の実施の許可制」「保全対象発明の開示の原則禁止」「保全対象発明の適正管理義務」「他の事業者との保全対象発明に係る情報の共有の承認制」といった法的効果が生じる。

順次、その趣旨を記す。

①特許出願の取下げの禁止

特許出願の取下げについては、特許出願人の意思をあらかじめ確認したうえで、国がひとたび発明の保全を決定し、開示の禁止などの義務を課した以上は、「保全指定」の期間中に特許出願人の意思で自由にその義務から離脱することは認めないこととして、これを禁止している。

②保全対象発明の実施の許可制

「保全指定」は、発明に関する情報流出を防止するための措置であり、発明の実施の制限を目的とするものではないが、たとえば製品のリバースエンジニアリングによって発明内容が明らかとなってしまい、発明の実施により発明の開示と同様の効果が生じる場合がある。

このため、保全対象発明の実施を許可制とし、発明に係る情報の流出のおそれがない限りは許可をするという仕組みとしている。

③保全対象発明の開示の原則禁止

保全対象となる発明の内容を「正当な理由がある場合」を除いて他者に開示することを禁止している。

「正当な理由」とは、真に業務上の開示の必要性があり、開示を受ける側に適正な管理が担保される場合を想定している。

④保全対象発明の適正管理義務

適正な管理措置については、次の事項があり、内閣府で『ガイドライン』を作成して、ホームページで公表している。

・組織的な情報管理措置：保全情報管理責任者の指名、営業秘密としての取扱いなど
・人的管理措置：情報取扱者の範囲の限定、教育訓練など
・物理的管理措置：情報取扱・保管区域の特定や立入制限など
・技術的管理措置：電子計算機における取扱制限、不正アクセス防止措置など

「保全指定」は、一年以内の期間を定めて行うこととされ、以後、期間満了日前に、内閣総理大臣が期間延長の要否の審査を行う。

延長回数に上限はないが、「保全指定」を継続する価値が失われれば、期間の途中であっても「保全指定」を解除する。

「保全指定」が終了するまで、出願公開と査定の手続は留保されるが、「保全指定」が解除されると再開される。

特許出願人の損失補償も

前記したとおり、「保全指定」を受けると様々な制限が課され、特許出願人には特別な犠牲が発生することがあり得る。

そのため損失を受けた場合は、「通常生ずべき損失」を国が補償することとしている。この「補償の対象」としては、次のような損失が挙げられる。

①発明の実施を不許可とされたため、保全指定期間中、国内外で製品の製造や販売をできなくなったことにより、保全指定を受けずに製造や販売できていた場合に比して失われた利益に係る損失

②第三者が保全対象発明と同一の発明を実施したが、特許権が留保されているため、保全指定期間中、特許権に基づく実施許諾料相当額を請求できないことにより失われた利益に係る損失

「損失補償の請求」は、補償を受けようとする特許出願人が、発生した損失に基づいて請

求額を算出し、請求額の総額および内訳《うちわけ》、そして請求の理由を疎明《そめい》するための資料を添えて、内閣府に提出する必要がある。

「補償金額」は、特許出願人と意思疎通を図りつつ、関係省庁や専門家の意見を聴きながら、内閣総理大臣が客観性をもって決定する。

外国出願制限とは何か

国内で行われた発明であって公になっていないものが、日本で出願すれば保全審査の対象となる発明である場合には、外国で出願する前に国内で特許出願をしなければならない。いわゆる「第一国出願義務」が定められている。

日本で出願せずに初めから外国で出願しようとする者は、出願書類に記載する発明が保全審査の対象となるか否かを自ら判断する必要があるが、特許庁長官に対しその発明が外国出願の禁止の対象に当たるか否かを確認できる「事前確認制度」を設けている。二万五〇〇〇円の手数料が必要だ。

また、保全審査の対象になる発明について先に国内で特許出願をした場合も、外国への出願については、「保全指定」をされないことが決まるまで、または「保全指定」がされずに一〇カ月間が経過するまで、禁止される。

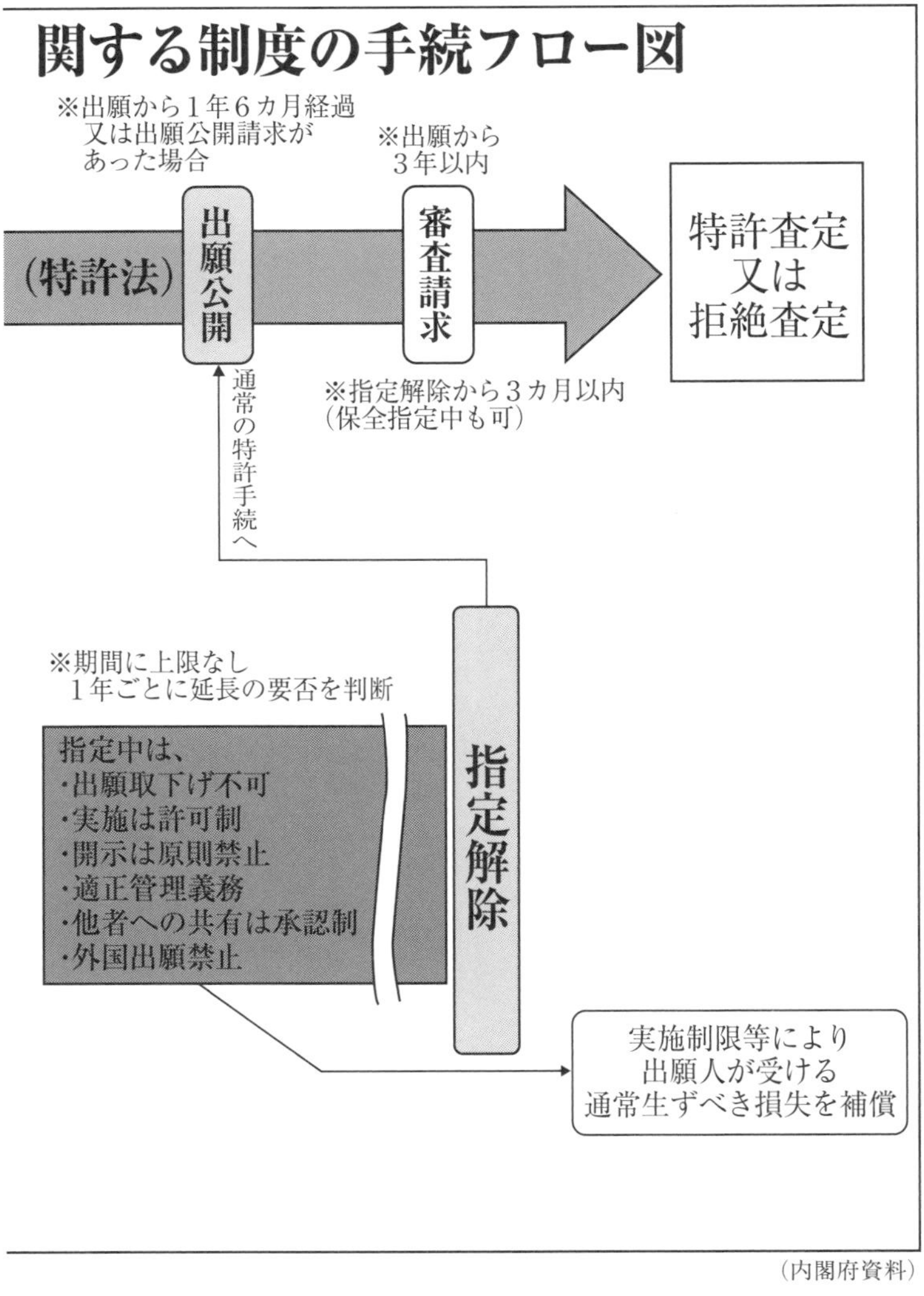
関する制度の手続フロー図
※出願から１年６カ月経過
又は出願公開請求が
あった場合
※出願から
３年以内
（特許法）
出願公開
審査請求
特許査定
又は
拒絶査定
通常の特許手続へ
※指定解除から３カ月以内
（保全指定中も可）
※期間に上限なし
１年ごとに延長の要否を判断
指定中は、
・出願取下げ不可
・実施は許可制
・開示は原則禁止
・適正管理義務
・他者への共有は承認制
・外国出願禁止
指定解除
実施制限等により
出願人が受ける
通常生ずべき損失を補償

（内閣府資料）

【図表3】特許出願の非公開に

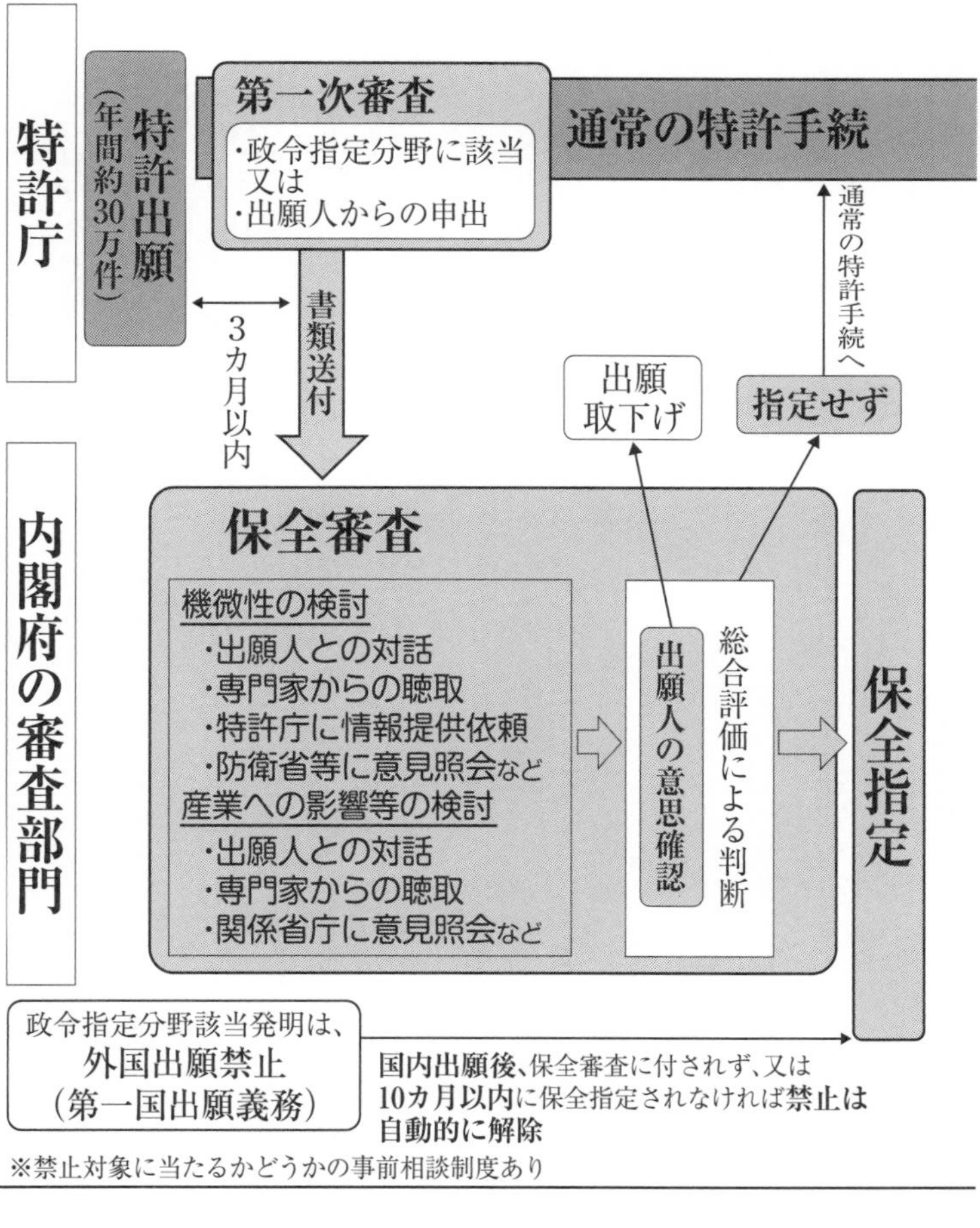
特許庁
特許出願（年間約30万件）
第一次審査
・政令指定分野に該当
又は
・出願人からの申出
通常の特許手続
3カ月以内
書類送付
通常の特許手続へ
出願取下げ
指定せず
内閣府の審査部門
保全審査
機微性の検討
・出願人との対話
・専門家からの聴取
・特許庁に情報提供依頼
・防衛省等に意見照会など
産業への影響等の検討
・出願人との対話
・専門家からの聴取
・関係省庁に意見照会など
出願人の意思確認
総合評価による判断
保全指定
政令指定分野該当発明は、
外国出願禁止
（第一国出願義務）
国内出願後、保全審査に付されず、又は
10カ月以内に保全指定されなければ禁止は
自動的に解除
※禁止対象に当たるかどうかの事前相談制度あり

「保全指定」を受けた場合は、その期間中も外国出願は禁止される。

外国への出願は、外国の機関に発明の内容を伝えることにもなるので、発明の開示の原則禁止にも抵触する。

「特許出願非公開制度」の運用

二〇二三年一二月一八日、「特許出願非公開制度」に関する手続の具体的な内容などを定める府省令と併せて、この制度に関し、お問い合わせが多いご質問とその回答をまとめたQ&Aを、内閣府のホームページに掲載した。

『内閣府令』では、次の通り、主に内閣総理大臣と特許出願人とのあいだの手続について規定した。


【第一条】用語は経済安全保障推進法における用語の例による旨《むね》を定める。

【第二条】内閣総理大臣に対する書面による手続における記載事項等を定める。

【第三条】保全審査において特許出願人の意見を聴取する旨を定める。

【第四条】保全審査における特許出願人の意思確認のための通知の記載事項を定める。

【第五条・第六条】特許出願を維持する場合の提出書の記載事項、様式を定める。

【第七条】保全指定の通知の記載事項を定める。

【第八条】保全指定の期間延長の際に指定特許出願人の意見を聴取する旨を定める。

【第九条】保全対象発明の実施の許可の申請書の記載事項を定める。

【第一〇条】保全対象発明の適正管理措置として、組織的・人的・物理的・技術的な情報管理に関する措置の具体的内容を定める。

【第一一条】発明共有事業者の追加の申請書、変更の届出書の記載事項、様式を定める。

【第一二条】損失の補償の請求書の記載事項、様式を定める。

【第一三条】指定特許出願人等に対し立入検査をする職員の身分証の様式を定める。


『内閣府と経済産業省との共管命令』では、次の通り、主に特許庁長官と特許出願人との間の手続について規定した。


【第一条】第一次審査での特許庁長官から内閣総理大臣への送付書類、方法を定める。

【第二条】保全審査に付することを求める場合の申出書の記載事項、様式等を定める。

【第三条】送付をしない旨の判断をした旨の通知を求める場合の申出書の様式、申出期間等を規定。

【第四条】特許出願の却下の処分の記載事項を定める。

【第五条】外国出願の禁止に関する事前確認を求める場合の申出書の記載事項、様式、添付書類、使用言語、手数料の収入印紙による納付方法等を定める。

【第六条】送達をすべき書類は、特許出願の却下の処分の謄本《とうほん》とする旨等を定める。

【第七条】特許庁長官に対する手続について特許法施行規則の規定の準用を定める。


二〇二三年一二月一五日には制度の施行期日を定める『政令』が公布され、「特許出願の非公開制度」については、二〇二四年五月一日から運用を開始した。

よって、二〇二四年五月一日以降になされた特許出願が、本制度の対象となる。

第8章

経済安保版セキュリティ・クリアランス制度

「セキュリティ・クリアランス制度」とは何か

序章に記した通り、二〇二二年八月一〇日の経済安全保障担当大臣就任時に「経済安全保障版セキュリティ・クリアランス制度」を創設する決意を表明してから約一年九カ月を要したが、二〇二四年五月一〇日、制度創設に必要な『重要経済安保情報の保護及び活用に関する法律』（以下、『重要経済安保情報保護活用法』）が成立した。

そもそも「セキュリティ・クリアランス制度」とは何かということだが、これは、「国家における情報保全措置」の一環だ。主要国では、制度整備がなされている。

「政府が保有する安全保障に関する重要情報」を指定することを前提に、「当該情報にアクセスする必要がある者（要はＮｅｅｄ ｔｏ Ｋｎｏｗの人）」に対して政府が「調査」を実施し、「信頼性の確認（適性評価）」を行って、情報を漏《も》らすおそれがないと認められた者（セキュリティ・クリアランス・ホルダー）が、当該の重要情報を取り扱うという制度である。

厳格な情報管理や提供のルールを定め、当該情報の漏洩《ろうえい》や不正取得をした場合には罰則を科すことが通例だ。

併せて、民間事業者に対して政府から重要情報が提供される場合には、情報保護のために必要な施設整備を行うなど、政府との契約で定めたことを守っていただく必要がある。

日本に存在した唯一の「セキュリティ・クリアランス制度」

これまで日本に存在した唯一の「セキュリティ・クリアランス制度」は、激しい反対運動のなかで安倍晋三元総理が内閣の命運を賭けて成立させた『特定秘密保護法』を根拠とするものだった。

各行政機関の長が指定する「特定秘密」を取り扱う必要がある公務員や一部民間事業者の従業者について、「本人が同意した場合」にのみ、各行政機関の長が「調査」と「適性評価」を行い、「特定秘密」へのアクセスを許容する。「特定秘密」の取扱者を制限するのだ。そして、その漏洩についての最高刑は、懲役一〇年とした。

この『特定秘密保護法』の制定によって、日本の情報保全制度に対する信頼性が高まり、同盟国や同志国とのあいだで、機微《きび》に触れる情報の共有が格段に円滑になったと聞いている。

『特定秘密保護法』の成立から五年（施行から四年）経った二〇一八年一二月六日の記者会見で、当時の菅義偉《すがよしひで》官房長官は、以下のようにコメントしておられた。

「この法律を制定したことによって、我が国に対する国際的な信用が増し、これまで以上に核心に迫る情報が得られるようになったというふうに認識しています。たとえば、北朝鮮のミサイルの動向に関して、米国等から非常に機微にわたる情報が得られるようになり、それを踏まえて、情報収集や警戒監視に万全を期すことなど、日米間の連携が非常にスムーズに行うことができたというふうに認識しています」

『特定秘密保護法』の成立から一〇年経った二〇二三年一二月六日の記者会見では、当時の松野博一官房長官が、次のようにコメントしておられた。

「『特定秘密保護法』を制定したことによって我が国の情報保全制度の信頼性が高まり、米国をはじめとする関係国との情報共有が一層円滑になるとともに、核心に迫る情報が得られるようになったと評価しています」

他方、主要国の情報保全制度とは異なり、『特定秘密保護法』では、政府が「特定秘密」として指定できる情報の範囲が「防衛」「外交」「特定有害活動（スパイ活動等）の防止」「テロリズムの防止」の四分野に関する一定の要件を満たす事項に限られている。経済安全保障に関する情報については、必ずしも明示的に保全の対象とはなっていなかった。

外部に漏らしてはならない情報のなかにも、個人情報など様々な種類の情報があるが、「セキュリティ・クリアランスをもって保護する情報」は、基本的に「漏洩すれば安全保障に支障を及ぼすような重要情報」であり、英語では「ＣＩ：Classified Information」といわれるものだ。

たとえば米国では、「CI」を「TOP SECRET（極秘）」「SECRET（機密）」「CONFIDENTIAL（秘密）」の三段階に区分している。『特定秘密保護法』は「漏洩時に安全保障に著《いちじる》しい支障を与える情報」（米国ではTOP SECRETとSECRETに相当）を保護する制度であり、CONFIDENTIAL相当の情報類型をカバーするセキュリティ・クリアランス制度がないという課題も指摘されていた。

「経済安保版セキュリティ・クリアランス制度」の必要性

日本以外のG7諸国やオーストラリアなど、日本の同盟国や同志国の情報保全制度を見てみると、「外交」「軍事」「防諜《ぼうちょう》」「治安」など日本の『特定秘密保護法』でも対応可能な分野に加えて、国家安全保障に関連するものとして「経済」「科学」「技術」「インフラ」など、国によって差異はあるものの、クリアランス対象情報の分野は幅広い。

ここで次頁の図表4を、参照していただきたい。

米国のクリアランス対象情報の分野は、「軍事計画・兵器システム又は軍の運用」「外国政府情報」「インテリジェンス活動・情報源・方法・暗号」「機密情報源を含む連邦政府の外交関係又は対外活動」「大量破壊兵器の開発など」といった日本の「特定秘密」四分野と

諸外国における情報保全制度の比較

フランス	カナダ	イタリア	オーストラリア
防衛法典、国防秘密保護に関する省庁間一般通達第1300号　等	セキュリティスクリーニング基準　等	2007年8月3日法律第124号、2009年6月12日首相令第7号等	保護的保全方針枠組み　等
「国防秘密」(政治、軍事、外交、科学、経済、産業等の分野で用いられる)	各省の判断により個々に情報の分類及び指定を実施	記録、文書、情報、活動及びその開示が共和国の完全性を損なうために使用される可能性のあるその他全てのもの ①政治、②経済、③金融、④産業、⑤科学、⑥技術、⑦健康、⑧環境保護 といった性質を持つ国益に関する情報、その他多数	対象情報の漏洩は次の事項を脅かす。 ①個人の安全等 ②政府組織の能力、資産、法執行・政策遂行能力等 ③国の経済 ④国のインフラ ⑤国際関係 ⑥治安・国防・インテリジェンス活動
①Très Secretへのアクセス資格 ②Secretへのアクセス資格	①Top Secretへのアクセス資格 ② Secret及びConfidentialへのアクセス資格 ※SecretレベルとConfidentialレベルで資格上の区別なし ※上記のほか、Protectedへのアクセス資格であるReliability Statusがあり、一定の調査が要求される	①Segretissimoへのアクセス資格 ②Segretoへのアクセス資格 ③Riservatissimoへのアクセス資格	①Top Secretへのアクセス資格 ②Secretへのアクセス資格 ③Confidentialへのアクセス資格

訳ではない等から、上記が正確・最新とは必ずしも限らない。　　（内閣官房資料を基に作成）

【図表4】

	日本(参考)	アメリカ	イギリス	ドイツ
根拠	特定秘密保護法	大統領令第13526号、第12968号、保全行政責任者指令6号　等	英国政府人的保全管理　等	連邦保安審査に関する前提及び手続並びに機密事項の保護に関する法律　等
クリアランス対象情報の範囲・分野	①防衛に関する事項 ②外交に関する事項 ③特定有害活動の防止に関する事項 ④テロリズムの防止に関する事項	①軍事計画・兵器システム又は軍の運用 ②外国政府情報 ③インテリジェンス活動・情報源・方法又は暗号 ④機密情報源を含む連邦政府の外交関係又は対外活動 ⑤国家安全保障に関連する科学的・技術的・経済的事項 ⑥核物質又は核施設の防護策のための政府プログラム ⑦国家安全保障に関連するシステム・設備・インフラ・プロジェクト・計画・防護サービスの脆弱性又は能力 ⑧大量破壊兵器の開発等	Top Secretの漏洩は次をもたらす／脅かす。 ①広範な人命損失 ②英国又は友好国の国内治安 ③国際的な緊張 ④英国又は同盟国の軍隊の有効性又は安全性 ⑤友好国との関係 ⑥安全保障活動又は諜報活動の継続的な有効性 ⑦英国経済への長期的な損害 ⑧重大な組織犯罪を捜査又は起訴する能力 ※Secretにも同様の類型あり	公共の利益のため、特に連邦又は州の福祉を保護するために秘匿する必要のある事実、物又は知見
クリアランスの区分	特定秘密へのアクセス資格(情報保護協定上はTop Secret、Secretに相当)	①Top Secretへのアクセス資格 ②Secretへのアクセス資格 ③Confidentialへのアクセス資格	①Top Secretへのアクセス資格(Developed Vetting) ②Top Secretへの限定的アクセス及びSecretへのアクセス資格(Security Check) ※上記のほか、Secretへの限定的アクセス及びその他公文書全般へのアクセス資格であるBPSS、テロ関係及び空港関係ポストに関するアクセス資格があり、一定の調査が要求される	①Streng Geheimへのアクセス資格 ②Geheimへのアクセス資格 ③VS-Vertraulichへのアクセス資格

(備考)各国制度は現在進行形で変更されているものがあり、また、全ての情報が公開されている

共通するものだ。それに加え、「核物質または核施設の防護策のための政府プログラム」「国家安全保障に関連する科学的・技術的・経済的事項」「国家安全保障に関連するシステム・設備・インフラ・プロジェクト・計画・防護サービスの脆弱性《ぜいじゃくせい》又は能力」まであり、広範に及ぶ。

英国は、日本の四分野でも読める七分野に加えて、「英国経済への長期的な損害」を、クリアランス対象情報の分野としている。

イタリアは、「政治」「経済」「金融」「産業」「科学」「技術」「健康」「環境保護」といった性質を持つ国益に関する情報、「その他多数」をクリアランス対象情報の分野としているようだ。

オーストラリアは、日本の四分野に加えて、「政府組織の能力、資産、法執行・政策遂行能力等」「国の経済」「国のインフラ」をクリアランス対象情報の分野としている。

ドイツは「公共の利益のため、特に連邦または州の福祉を保護するために秘匿《ひとく》する必要のある事実、物または知見」としており、カナダは「各省の判断により、個々に情報の分類および指定を実施」としているので、運用によっては、クリアランス対象情報が広範になる。

世界的に、安全保障の概念が、「外交」や「防衛」という伝統的な領域から、「経済」や「技術」の分野に拡大しているからだろう。

米国のセキュリティ・クリアランス保有者は日本の三〇倍

クリアランス対象情報の分野が幅広いこともあり、諸外国では、多くの公務員や民間人がセキュリティ・クリアランスを保有している。

一方、日本の『特定秘密保護法』に基づく「適性評価」でセキュリティ・クリアランスを保有している国民は、最新値の二〇二三年末時点で一三万五四七九人だ。公務員が一三万七〇四人、民間人は四七七五人だけである。

同法では、「防衛」「外交」「特定有害活動の防止」「テロリズムの防止」の四分野のみが対象である。そのため行政機関との契約に基づいて特定秘密の取扱い業務を行うことができる「適合事業者」の従業者でセキュリティ・クリアランスを保有している民間人のほとんどが、防衛装備庁や防衛省、内閣官房の仕事に携《たずさ》わっておられる方々だ。

しかも、『特定秘密保護法』では、特定秘密を適合事業者に保有させなければ行政機関の所掌《しょしょう》事務の遂行が立ち行かないような「非代替性」が認められる事案に限って、行政機関から民間人への情報提供が可能とされている。

米国のセキュリティ・クリアランス保有者は、日本の約三〇倍に当たる四〇〇万人以上だ。公務員が約七割、民間人が約三割ということだ。他の主要国でも、数十万人以上の方々がセキュリティ・クリアランスを保有するとされる。

各国では、防衛装備品そのものではなくても、防衛・軍事用途にも活用可能なデュアル・ユース技術の管理が厳格化される傾向にあり、セキュリティ・クリアランスを保有していなければアクセスできない情報が増えている。

たとえば、政府間で合意してデュアル・ユース技術を用いた国際共同研究を行う場合には、機微に触れる技術情報を共有するため、セキュリティ・クリアランス保有者が携わることになる。

また、これらの技術を用いた製品やサービスの開発や提供について、日本企業が外国政府の調達に参加しようとする場合にも、外国企業と取引しようとする場合にも、セキュリティ・クリアランスを保有していない日本人には必要な情報が提供されず、ビジネスチャンスを逸しているといった残念な事態が起きていた。

ビジネス界から届いた切実な声の数々

日本では、防衛装備品を製造する企業以外でも、軍事転用可能で機微な民生技術を持っている企業や技術者は多い。たとえば、情報通信、ＡＩ、量子、マテリアル、宇宙などの分野だ。

日本企業は優秀な技術を持っているにもかかわらず、「特定秘密」を取り扱える四七七五人を除いて、ほとんどの日本人従業者がセキュリティ・クリアランスを保有していない。そのため、国際ビジネスの現場において、不利益が顕在化していた。

私自身や経済安全保障法制の担当職員たちは、有識者会議などの場において、企業からヒアリングを行った。営業先を知られたくない企業もあることから、匿名を条件に、電機、自動車、工作機械、化学、宇宙分野などのメーカーや商社などから、率直なご意見をいただいた。

そこで伺ったお声は、以下のように切実なものばかりだった。

「装備品とは関係ない国際共同開発において、セキュリティ・クリアランス保有者がいなかったために、CUI（Controlled Unclassified Information：機密指定には至らないが適切に保護すべき情報）の開示を受けるまでに長い時間を要し、しかも契約に至らなかったことがある」

「宇宙分野の海外政府からの入札に際し、セキュリティ・クリアランスを保有していることが（入札の）説明会の参加要件になっていた」

「商業利用分野であっても、CI（Classified Information）が含まれているので、詳細が分からないなどの不利な状況が生じている」

「デュアル・ユース技術に関する会議に参加する際、『Clearance Holder Only』であるセミナー・コミュニティがあるが、これらに参加できず、最新のデュアル・ユース技術に触れることができない」

「米国政府からの入札に関しては、説明会の参加要件がセキュリティ・クリアランスを保持していることであり、そこから先にアクセスできなかった経験はある。おそらく軍の運用方針等に係《かか》るからであろう。しかし、そのあたりは会社としても不要な情報であり、政府経由でも良いから、会社として必要な情報だけ共有されるような仕組みがあれば良かったと思う」

「自社開発製品に海外から機微な技術が搭載された際は、自社にセキュリティ・クリアランス保有者がいなかったため、自社製品であるにもかかわらず、双方で十分な情報交換ができなかった」

「ある海外企業からビジネスの協力依頼があったが、機微な内容だということで十分な情報が得られなかった。政府間の枠組みの下《もと》で、それぞれセキュリティ・クリアランスを保有している者同士で共同開発などができれば、より踏み込んだ情報が得られたのではないか」

「ファイブ・アイズ間では情報保全制度が比較的似ているため、『○○相当のクリアランスを保有している』ことが共通言語として役立っていると思う。他方、こうした共通言語を持たない日本は、最初から同じ土俵に立てていない印象」

「現時点では、外国の国防省等との取引がないので必要性は感じないが、今後、相手国政府主導で進んでいく際、相手国の同業他社には声がかかるのに、『日本にはちゃんとしたセキュリティ・クリアランス制度がないから』などの理由で当社に声がかからないといったような状況が出てくると問題になる」

日本人従業員の信頼性を他国が決めていいのか

ここで、「海外における政府調達」に関して、これまでの日本企業の対応や課題について、説明する。

たとえば、英国政府が行うシステム納入や技術開発に関する政府調達に関連して、企業が英国政府から秘密情報を受領するに当たっては、当該情報にアクセスする必要がある従業者は、セキュリティ・クリアランスを求められる。

このため、日本企業が関わる場合は、同企業の現地法人において、セキュリティ・クリアランスを保有する英国人を雇用するなどして対応することになる。

すでに現地法人を設立し対応している事業者からは、次のような不安のお声を伺った。

「セキュリティ・クリアランスを保有する現地人従業員には守秘義務がかかるため、日本人の経営陣には情報が共有されない。一方で、何か問題が起きた場合には、日本の本社の責任にされてしまうのではないか」

「仮に事業が進み、メンテナンスなどの対応が必要になった場合に、クリアランスを有していない現地や本社の日本人技術者が関われないのだとすれば、どう対応していけば良いのか」

「将来の顧客として想定される各国の政府関係者との意見交換について、現地でセキュリティ・クリアランス保有者が対応した内容については、日本に共有されない。将来、情報共有の観点から、日本だけが取り残されることを懸念する。将来的な案件の組成を考えると、情報共有できるような何らかの仕組みが必要だと感じる」

「民間企業間の取引」であって、政府から秘密情報が提供されない場合でも、セキュリティ・クリアランスを求められることがある。

一例として、米国のＩＴ企業の関連業務を日本国内で日本企業が請け負ったときに、米国企業の機微な情報を扱う日本企業の施設や区域に従業者が立ち入るに当たり、当該施設や区域が日本国内の日本企業であったにもかかわらず、米国企業からは立ち入る者のバックグランド・チェックを求められたと伺った。

日本企業は、個人情報保護や人権への配慮も踏まえたうえで、米国企業が指定する第三国の調査会社に調査を依頼するという形で対応したということだった。

経済安全保障を巡る環境が厳しさを増すなか、今後こうしたケースは、さらに増えるだろう。日本人従業員の信頼性の確認を、相手国企業からの指示、あるいは第三国の調査会社の調査にすべて委《ゆだ》ねるということが続いてはいけない。

日本企業が参加する国際共同研究も進展

このほか、「経済安全保障版セキュリティ・クリアランス制度」の創設については、次のような期待のお声も伺った。

「様々なサイバーセキュリティ・インシデントが起きているなかで、政府側や諸外国が保有している様々な情報が共有されれば、個々の企業のセキュリティ・レベルの向上、ひいては我が国全体のセキュリティ・レベルの向上にもつながる」

「セキュリティ・クリアランス制度の導入によって、将来的に、たとえば衛星、ＡＩ、量子、Ｂｅｙｏｎｄ ５Ｇといった次世代技術の国際共同開発に関する機会が拡充してくるのではないか。一方、次世代技術は、いわゆるデュアル・ユース技術であり、厳格な情報管理がなされないと国際的な連携に日本企業が入れなくなり、事業の機会を失うおそれがある」

様々な企業からのお声を伺い、「経済安全保障版セキュリティ・クリアランス制度」を創設する必要性を、改めて強く感じた。

各国とも、セキュリティ・クリアランス制度は、第一義的には「政府が保有する安全保障に関する重要情報を保全するための制度」なので、民間企業間の取引には無関係だと思われる方が多いかもしれない。

仮に「日本政府が保有する安全保障に関する重要情報」を取り扱えるセキュリティ・クリアランスを保有したとしても、それは「外国政府が保有する安全保障に関する重要情報」へのアクセス資格ではない。

しかし、同盟国・同志国間で経済安全保障分野における協力が拡大しつつあるなか、「各分野において自国と同水準の情報保全制度が整備されていることをもって、相手国政府や相手国の国民を信頼して、分野別に重要な情報の提供・共有を行う」という傾向が顕著になってきていることを感じる。

つまり、国際ビジネスの現場においても、母国のクリアランス・ホルダーであることが「信頼の証《あかし》」として認識されるという事例が増えているということだろう。

情報保全制度は、法体系の違いも含めて国によって多様であり、制度として完全に同一のものとすることが求められる性質のものではない。また、国際的に通用することの要件が明確に定められているわけでもない。

しかし、先行して設けられた情報保全制度である『特定秘密保護法』にしても、諸外国と完全に同一の法制度ではないが、同法を制定したことによって、少なくとも対象四分野においては、同盟国や同志国とのあいだで機微に触れる情報の提供や共有が格段に円滑になった。

それは、制度の中核となる次の事項については、各国共通になっているからだ。

①重要情報であることの表示も含めた保護措置
②信頼性の確認（適性評価）を含む、情報を取り扱う者の制限
③漏洩時の罰則

以上の中核となる事項をすべて明記したうえで、クリアランス対象情報を経済安全保障分野に拡大したのが、『重要経済安保情報保護活用法』だ。

同盟国や同志国から、「自国が提供する秘密情報について、日本でも自国と実質的に同

等の保護が与えられている」と認められれば、経済安全保障分野における政府間の協力がさらに深化する。それとともに、日本企業が参加する国際共同研究の進展も期待できる。

また、国際共同研究等を通じて日本政府のお墨付きともいえるセキュリティ・クリアランスを保有していることが分かれば、外国企業からも「信頼できる日本人だ」とみなされて、ＢｔｏＢの情報のやり取りが円滑になり、取引につながる可能性も高くなるだろう。

下請事業者に悪意を持った従業者がいたら

日本の情報保全の強化を図り、我が国として重要な経済基盤を保護し、国民の皆様の安全を守るためにも、「経済安全保障版セキュリティ・クリアランス制度」を創設することは有効だ。実は、これが『重要経済安保情報保護活用法』の本来の目的だ。

この『重要経済安保情報保護活用法』の大きな特徴は、政府が保有する重要情報を適確に保護する体制を確立するとともに、信頼性の確認を前提に、民間事業者の従業者にも重要情報を積極的に提供・共有・活用し、力を合わせて、国および国民の皆様の安全を確保することに重点を置いていることだ。

今後、政府が保有する経済安全保障に関する重要情報を民間事業者と共有する必要性は、一層、高まっていくと考えられる。

たとえば、政府と民間事業者のあいだで厳重な管理を前提にして共有すべき情報としては、「サイバー分野における脅威情報や対策に係る情報」「サプライチェーン上の脆弱性や対策に関する情報」「デュアル・ユース分野における国際共同研究に関する情報」などが挙げられる。

そもそも、政府機関において、サイバー攻撃を受けたり通信トラブルが発生したりしたときの対応については、懸念を抱いていた。ほとんどの省庁において、情報システムの脆弱性を分析したうえで復旧やメンテナンスに携わってくださる民間事業者の従業者がセキュリティ・クリアランスの保有者ではないというケースがあり得るからだ。

たとえば私が総務大臣在任中、総務省の一つの局がサイバー攻撃を受けたことがあった。早急に原因を調査・報告するように局長に指示したところ、システムを管理している大手事業者からの回答までに時間がかかった。元請《もとうけ》の大手事業者は下請事業者に丸投げしており、その下請事業者の従業者がセキュリティ・ソフトの更新を怠《おこた》っていたという単純ミスが原因だった。それが判明し、実に情けなくなった。

仮に本省の幹部が把握していない下請事業者のなかに悪意を持った従業者がいたら、メンテナンス作業中にバックドアを仕込まれるなどの事態も起きかねないとも感じた。

『重要経済安保情報保護活用法』の概要

二〇二四年五月一〇日に成立した『重要経済安保情報保護活用法』は、政府が保有する情報の保全制度の一環として、経済安全保障の観点から重要な情報を政府が指定し、指定された情報を取り扱うことができる者の範囲を制限して、当該情報を保護する枠組みを設けている。そして守秘義務を課し、これを漏洩等した場合には罰則を科す。

本法は、公布の日から起算して一年を超えない範囲において、政令で定める日から施行される。

ここからは堅苦しくなるが、順不同で、本法の重要なポイントについて、法律の条文を引きながら、内容を解説していく（法施行に向けた『政令』や『運用基準』について、詳細な検討が始まる前に記したものであることを、お断りする）。

まず、保護の対象とする情報について述べる。

第一章にも記したように、近年の国際情勢の複雑化、社会経済構造の変化などに伴って、経済活動に関して国家および国民の安全を害する行為を未然に防止する重要性が高まっている。特に、日本の経済活動を支える重要な基盤に関する情報を保護する必要性が増している。

たとえば、重要物資のサプライチェーンや重要インフラ事業者によるサービスの提供は、国民生活や経済活動を支える基盤であり、これらが損なわれれば、日本の安全保障の確保が全うできなくなるおそれがある。

この法律では、これら重要物資（プログラムを含む）のサプライチェーンと重要インフラ事業者によるサービスの提供体制を「重要経済基盤」と定義した。

この「重要経済基盤」に関する情報には経済活動に関する情報が広く含まれるが、これらのなかでも特に日本の安全保障の確保に関係するものを保護することとし、これを「重要経済基盤保護情報」と定義した。

ただ、「重要経済基盤」を保護するための情報であっても、公になっているものについては、秘密として保護すべき理由がない。また、公になっていなかったとしても、漏洩したからといって、すべての情報が日本の安全保障に影響を与えるわけではない。

このため「保護の対象とする情報」は、以下の三要件を満たすものに限ることとし、このような情報を行政機関の長が「重要経済安保情報」に指定し、保護措置を講じることとした。

〈行政機関の長は、

①当該行政機関の所掌事務に係る「重要経済基盤保護情報」であって、
②公になっていないもののうち、
③その漏洩が我が国の安全保障に支障を与えるおそれがあるため、特に秘匿する必要があるものを、「重要経済安保情報」として指定する。「特別防衛秘密」と「特定秘密」に該当する情報を除く〈第三条一項〉

本法で「保護の対象とする情報」（重要経済基盤保護情報）としては、具体的には、次のような情報が考えられる。

〈①外部から行われる行為から重要経済基盤を保護するための措置又はこれに関する計画若《も》しくは研究（第二条四項一号）〉

これは、外部からの行為に対する保護措置といった、我が国の「手の内」に属する情報であり、これが漏洩すると、それを逆手に取った行為がなされるおそれがある。

たとえば、電力や通信など日本の重要インフラ事業者の活動を停止・低下させるようなサイバー攻撃や物理的破壊などの発生が予想されるときの政府としての対応案に関する情報などが該当するだろう。

また、半導体など日本にとって重要な物資の安定供給の障害になる外部からの行為(囲い込みや物流途絶など)が発生すると予想されるときの政府としての対応案に関する情報などが該当するだろう。

〈②重要経済基盤の脆弱性、重要経済基盤に関する革新的な技術その他の重要経済基盤に関する重要な情報であって安全保障に関するもの(第二条四項二号)〉

これは、重要経済基盤の脆弱性や革新的な技術といった、いわゆる「ターゲット」となる情報であり、これが漏洩すれば、脆弱性を突いた行為がなされるおそれがある。

たとえば、日本の重要なインフラ事業者のシステムや機器を誰がどのような方法で攻撃しようとしているかといった脅威情報や、これを招く脆弱性に関する情報などが該当するだろう。

また、日本政府と外国政府で実施する安全保障に関わる国際共同研究において、外国政府から提供され、当該国において『重要経済安保情報保護活用法』による保護措置に相当する措置が講じられている情報も該当するだろう。

〈③第一号の措置に関し収集した外国の政府又は国際機関からの情報（第二条四項三号）〉

これは、外国政府などから提供された情報なので、これが漏洩すれば、「我が国の情報保全に係る信頼性」や「当該国との信頼関係」が損なわれるおそれがある。

さらに、一号に記したような外部からの行為がなされるおそれもある。

〈④前二号に掲げる情報の収集整理又はその能力（第二条四項四号）〉

これは、「我が国の能力」に関する情報であり、これが漏洩すれば、日本の情報収集活動、その体制や方法、情報源などが明らかになってしまうおそれがある。

民間事業者が保有する情報は対象外

『重要経済安保情報保護活用法』は「政府が保有する情報」の保全のための制度であり、基本的に「民間事業者が保有している情報」は制度の対象外となる。

そのため、ある日突然、国の職員が民間事業者の営業秘密などの情報を「重要経済安保情報に指定します」などと一方的に言いに来ることはない。

先端技術などに関する情報のように、たとえば国立研究開発法人が保有している情報でも、安全保障の観点から重要なものがあるのは間違いないが、本法に定める保護の対象とはならない。

ちなみに国立研究開発法人は、『独立行政法人通則法』第二条において、「国民生活及び社会経済等の安定等の公共上の見地から確実に実施されることが必要な事務及び事業であって、国が自ら主体となって直接に実施する必要がないもののうち、民間の主体に委ねた場合には必ずしも実施されないおそれがあるもの」を効果的かつ効率的に行わせるために設立される法人である。「政府」には含まれない。

政府以外の組織が保有する情報については、有識者会議においても、「政府が一方的に規制を課すことは民間活力を阻害する懸念があることから、まずは事業者などにおいて営業秘密としてしっかり管理していただくべきものである」との指摘がなされた。

他方、「政府において、民間事業者が真に必要な情報保全措置を講じられる環境を整えていけるよう、明確な指針を示すことの妥当性も含めて検討していくべき」との指摘もいただいている。

政府としては、こうした指摘を踏まえて検討を続けていくことになる。

「重要経済安保情報」の保護

以下、「重要経済安保情報」の保護について述べる。

まず、この制度は、「重要経済安保情報」を厳重な保護の対象とし、その漏洩や不正取得に『国家公務員法』や『自衛隊法』に基づく守秘義務違反よりも重い罰則を科すものである。それゆえに、指定された情報とそれ以外の情報を明確に区別することが極めて重要である。

そのため、「重要経済安保情報」に指定された情報は、これを記録する文書等（図画《とが》、電磁的記録、物件など）に「重要経済安保情報」である旨《むね》の「表示」を行わなければならないこととしている（第三条二項）。

また「重要経済安保情報」は、取り扱うことができる者を限定しなければならない。

さらに、法定した「情報を取り扱う者への教育」「情報を保護するために必要な施設設備の設置」に加えて、『政令』においては、「情報を取り扱う場所への立入りや機器の持ち込みの制限」「情報を取り扱うことができるパソコンの制限」などの措置も取ることになるだろう。

民間事業者にも「重要経済安保情報」を提供

次は「重要経済安保情報」の提供について。「重要経済安保情報」は、厳重な保護の対象となるとともに、指定した行政機関から、他の行政機関、外国政府、民間事業者などに、一定の要件のもとで提供することができる。

また、国会や裁判所などにも、一定の要件のもとで提供することとしている。

本法は、民間事業者に「重要経済安保情報」を提供する場合の情報保全体制を構築することを主眼としているので、特に民間事業者に提供する場合を中心に記したい。

まず、「提供」の基本的考え方。本法では、行政機関の長が、安全保障の確保に資する活動の促進を図るために必要があると認めたときに、民間事業者に「重要経済安保情報」を提供することができるとした。

経済活動の担《にな》い手は民間事業者であり、経済安全保障という分野では政府と民間が協働・連携して取り組むことが重要になるため、「重要経済安保情報」についても、政府内部で保全しているだけでは不十分だ。民間事業者と共有して、活用することが重要となる。

『特定秘密保護法』においては、保護の対象となる「特定秘密」は、「防衛」「外交」「特定有害活動（スパイ活動等）の防止」「テロリズムの防止」の四分野に関する情報である。漏洩時には安全保障に著しい支障を与えるおそれがある機微度の高いものであり、政府内での保護措置が主眼となる。「特定秘密」を民間事業者に提供するのは、民間事業者に保有させなければ行政機関の所掌事務の遂行が立ち行かなくなるような場合（いわゆる「非代替性」が認められる場合）に限られている。

この「非代替性」と、「共有して活用する」という基本的な発想の違いは、「経済安全保障版セキュリティ・クリアランス制度」の創設に必要な法律を立案するに当たって、『特定秘密保護法』の改正ではなく、新法とした大きな理由となっている。

『重要経済安保情報保護活用法』の第一〇条に基づき「重要経済安保情報」を提供する対象となる民間事業者は、重要経済基盤の脆弱性の解消、重要経済基盤の脆弱性に関する調査研究、重要経済基盤に関する革新的技術に関する調査研究など、日本の安全保障確保に資する活動を行う事業者である。その施設設備などについては、政府が定める基準に適合する必要がある（「適合事業者」）。

行政機関の長が適合事業者に「重要経済安保情報」を提供する場合には、「契約」（秘密保持契約）に基づくこととしており、適合事業者側が情報提供を受けることについて「同意」していることを前提としている。

この「契約」については、以下の通り法定した。

〈適合事業者と締結する「契約」には、以下の事項を定めなければならない。
①当該適合事業者が指名して重要経済安保情報の取扱いの業務を行わせる従業者の範囲
②重要経済安保情報の保護に関する業務を管理する者の指名に関する事項
③重要経済安保情報の保護のために必要な施設設備の設置に関する事項
④従業者に対する重要経済安保情報の保護に関する教育に関する事項
⑤行政機関の長から求められた場合には重要経済安保情報を行政機関の長に提供しなければならない旨
⑥適合事業者による重要経済安保情報の保護に関し必要なものとして政令で定める事項〉

⑥の『政令』で定める事項だが、『政令』は、有識者の意見を聴き、パブリックコメントを経て、閣議決定することになるので、本法成立時点で確定している事項はない。

想定できる事項としては、「重要経済安保情報を取り扱う場所への立入り・機器の持ち込みの制限」「重要経済安保情報を取り扱うために使用する電子計算機の使用の制限」「重要経済安保情報の指定が解除された場合に講ずる措置」などだ。

なお、前記した通り、指定された情報には「重要経済安保情報」である旨の「表示」をするため、提供される民間事業者側において、「何が保護対象（漏洩したら処罰される）情報なのかが分からない」といった事態が起きることはない。

「重要経済安保情報」取扱者の制限

前記した通り、この制度における情報保全のための重要な措置の一つが、「情報を取り扱う者の制限」である。

行政機関や適合事業者のいずれにおいても、後記する「適性評価」を受け、「重要経済安保情報の取扱いの業務を行った場合にこれを漏らすおそれがないと認められた者」でなければ、「重要経済安保情報」の取扱いの業務を行うことはできないとしている。

適合事業者は、情報の提供を受けるに当たって締結する「秘密保持契約」において、「重要経済安保情報」を取り扱うと見込まれる者の範囲を定め、契約締結後に当該従業者に「適性評価」を受けていただくことが必要となる。

なお、すでに『特定秘密保護法』に基づく「適性評価」を受け、「特定秘密の取扱いの業務を行った場合にこれを漏らすおそれがない」と認められてから五年を経過していない者であれば、『重要経済安保情報保護活用法』に基づく「適性評価」は不要としている。

「適性評価」とそのための「調査」は、以下のようなものになる。

まず「適性評価」は、対象者について一定の事項を「調査」し、その調査結果に基づいて「重要経済安保情報を漏らすおそれがない」かどうかについて判断する。

本法では、この場合の「調査」は、内閣総理大臣（内閣府）が一元的に行うことを基本とし、調査結果に基づく判断、すなわち「適性評価」そのものは、各行政機関の長が行うこととしている。

「調査項目」は法律に明記されており、以下の七項目だ（第一二条二項一号〜七号）。

〈①重要経済基盤毀損活動（重要経済基盤に関するスパイ活動、テロ活動）との関係に関する事項

※評価対象者の家族や同居人の氏名、生年月日、国籍（過去の国籍も含む）、住所が含まれる。

②犯罪及び懲戒の経歴に関する事項

③情報の取扱いに係る非違《ひい》の経歴に関する事項

④薬物の濫用《らんよう》及び影響に関する事項

⑤精神疾患に関する事項
⑥飲酒についての節度に関する事項
⑦信用状態その他の経済的な状況に関する事項〉

この七項目の調査結果について、何か一点の該当事項があったからといって、直《ただ》ちに「重要経済安保情報を漏らすおそれがある」とされるものではない。総合評価によって、「情報を漏らすおそれがない」かどうかについて判断される。

たとえば、「規範意識が欠落していること」「自己を律して行動することができないこと」「注意力が不足していること」が、判断や行動に現れている者については、「情報を漏らすおそれがない」とは認められないものと考えられる。

なお、いうまでもないことだが、法律に明記されていない事項について「調査」を行ってはならず、評価対象者の思想、信条、宗教、支持政党などを調べるようなことはない。

また、①において家族や同居人についても調査を行うこととしているが、氏名、生年月日、国籍、住所の四項目以外の事項について調べることはない。

「適性評価」を行うに当たっては、行政機関の職員でも、適合事業者の従業者でも、対象者から予《あらかじ》め「同意」を得ることを必須の条件としている（第一二条三項）。

適合事業者には、まず社内の人事配置などの観点から「重要経済安保情報」の取扱いの業務を行う従業者を選定し、従業者本人の「同意」を得たうえで、名簿などの形で行政機関に申告していただく。

その後、行政機関の側から名簿に記載された方に、「調査」についての「告知」と「同意確認」を行うことになる。

この「告知」と「同意確認」については、行政機関から、前記した七項目について「調査」を行う旨を、事前にしっかりと説明する。

加えて、第一二条六項では、調査を行うため必要な範囲内において、評価対象者本人や知人などの関係者に質問したり、公務所や公私の団体に照会して必要な事項の報告を求めたりすることも規定されているが、これらの点についても、しっかりと説明を行う。

ご本人の知らないところで行政機関に「調査」をされるようなことは、起こり得ない。

また、従業者が「適性評価」とそのための「調査」を受けることに同意するかどうかを選択する権利を確保することは必要不可欠だ。上司が求めた場合においても、それに同意しないことが許される状況が実質的に確保されていることが重要だ。

後記するが、「適性評価の実施に同意しなかったこと」を理由として勤務先で不利益な扱いを受けることは、本法で規定する「目的外利用の禁止」に抵触する。

行政機関による「同意確認」の際に、「同意は任意であること」を説明し、「勤務先から強要されていないか」についても確認することとしたい。

「調査」については、『特定秘密保護法』における運用と同様、評価対象者に「質問票」を、その上司等に「調査票」を記入していただき、その内容を参考としながら行うことが考えられる。

評価対象者が記入した「質問票」については、プライバシー保護のため、適合事業者（所属先の組織）を通さず、直接行政機関に提出していただくことを想定している。

適性評価の一元化の必要性

『特定秘密保護法』に基づく「適性評価」（有効期間五年）は、そのための「調査」も含めて、各行政機関の長が行うこととされている。

よって、A行政機関の「適性評価」を受けてA行政機関が保有する「特定秘密」を取り扱える者であっても、B行政機関が保有する「特定秘密」を取り扱う業務を行う必要が生じた場合には、改めてB行政機関による「調査」を受けなければならない（各行政機関相互の協力規定は置かれている）。

本法に基づく「適性評価」（有効期間一〇年）のための「調査」は、原則として内閣総理大臣（内閣府）が一元的に行い、調査結果を一〇年間は保存することとしている。

これによって、すでに内閣府が行った「調査」の結果を用いてA行政機関の「適性評価」を受けた者が、B行政機関の「適性評価」も受けたい場合に、B行政機関は内閣府が従前に行った「調査」の結果に基づき、「適性評価」を行うことができる。

一〇年以内であれば、別々の行政機関から幾度も「調査」を受ける必要はない（第一二条七項）。

複数の行政機関による「適性評価」を受けようとする適合事業者の従業者や行政機関の職員が「調査」に対応する負担が軽減され、手続きの効率化や利便性向上につながると考える。

ただし一〇年のあいだに、犯罪や飲酒によるトラブルが確認された場合など「重要経済安保情報を漏らすおそれがないことについて疑いを生じさせる事情がある」ときには、改めて「調査」が実施される。

また、外国との関係に大きな変化があったり、経済的に逼迫《ひっぱく》した状況に陥《おちい》ったりした場合には、ご本人や適合事業者から行政機関に連絡をしていただくことになろう。「適性評価」を行った行政機関の長は、その結果を評価対象者と内閣総理大臣（内閣府）に通知することとしている。

評価対象者が適合事業者の従業者である場合は、適合事業者には「重要経済安保情報の取扱いの業務を行うことができる従業者の範囲」を明確にしていただくことが必要であるため、適合事業者に対して「適性評価の結果」を通知する。

対象者が同意しなかったことによって適性評価が実施されなかったときには、その旨を通知する。

ただし、「調査によって取得した個人情報」については、プライバシーを守る観点から、適合事業者に提供することはない。

非常に重要な意味を持つ「目的外利用の禁止」

そして、適性評価の結果の目的外利用は禁止している（第一六条）。

まず行政機関の長は、評価対象者が適性評価の実施に同意しなかったことや、評価対象者の適性評価や調査の実施に当たって取得する個人情報を、「重要経済安保情報の保護」以外の目的のために利用したり提供したりしてはならない。

また適合事業者は、行政機関の長から通知された適性評価の結果や、従業者が適性評価の実施に同意しなかった事実を、同様に「重要経済安保情報の保護」以外の目的のために利用したり提供したりしてはならない。

こうした「目的外利用の禁止」は、非常に重要な意味を持つ。そして、この「目的外利用」には様々な形態のものが含まれる。

たとえば「適性評価の結果」や「適性評価の実施に同意しなかったこと」を理由とした不合理な降格はもちろん、「適性評価により重要経済安保情報を取り扱うことが認められたこと」のみを理由とした優遇措置も、禁止の対象となり得る。

このほか、不合理な解雇や配置転換、減給、自宅待機命令も、禁止の対象となり得る。

『運用基準』は労使双方の視点を踏まえて

また政府は、「適性評価の実施」などに関し、後記する『運用基準』を閣議決定によって定めることとしている。

この『運用基準』において、「目的外利用に当たる行為を明示」するとともに、「当該行為の禁止を行政機関と適合事業者との契約に盛り込むこと」などを明記する予定だ。

また禁止された行為があった場合、行政機関側がこれを認知できるようにするため、評価対象者が適合事業者から禁止行為に該当する不利益取扱いを受けたと感じたときに、相談できる窓口を各行政機関に設ける予定だ。適合事業者が契約している行政機関には相談しにくいケースも考えられることから、本制度を所管する内閣府にも相談窓口を設置することを予定している。

さらに、悪質な違反行為が発覚した場合には、行政機関と事業者との「契約」に定める規定への違反があったとして、契約解消もあり得ると明確にすることも検討している。

以下、『運用基準』について記す。

まず政府は、「重要経済安保情報の指定及びその解除」「適性評価の実施」「適合事業者の認定」に関し、統一的な運用を図るための基準となる『運用基準』を定めることを規定している（第一八条）。

「重要経済安保情報」の指定の要件や、適性評価の実施の細部、適性評価の結果の目的外利用の禁止などについても『運用基準』に明記することになる。

この『運用基準』は、有識者の意見を聴いたうえで案を作成し、閣議決定によって定めるが、閣議決定に先立ち、『行政手続法』に定める意見募集であるパブリックコメントも行う。

意見を聴く有識者は、法律上、我が国の安全保障に関する情報の保護、行政機関等の保有する情報の公開、公文書等の管理などに関し優れた識見を有する方とされているが、私は、労使双方の視点を踏まえて検討することも重要だと考えている。

漏洩の際の「法人両罰規定」

厳しい安全保障環境の下、国民生活や経済活動を支える基盤を守り、国家や国民の皆様の安全を守っていくことは重要であり、これを損なうような情報漏洩は防がなければならない。しかし一方で、「知る権利」の保障も重要である。

本法では、「指定の対象となる情報」を、諸外国の法制度と比べても相当厳格に絞り込んだ。

さらに、「この法律の適用に当たっては、これを拡張して解釈して、国民の基本的人権を不当に侵害するようなことがあってはならず、国民の知る権利の保障に資する報道又は取材の自由に十分に配慮しなければならない」という規定を置いた（第二三条一項）。

併せて、取材行為についても、「専《もっぱ》ら公益を図る目的を有し、かつ、法令違反又は著しく不当な方法によるものと認められない限りは、これを正当な業務による行為とするものとする」と明記している（第二三条二項）。

罰則についてはどうか。「重要経済安保情報」の漏洩や不正取得等に関する罰則は、第二三条〜第二八条に規定している。

〈重要経済安保情報の取扱いの業務に従事する者が、その業務により知り得た重要経済安保情報を漏らしたときは、五年以下の拘禁《こうきん》刑若しくは五〇〇万円以下の罰金に処し、又はこれを併科。

※「重要経済安保情報」の取扱いの業務に従事しなくなった後においても同様。

※未遂犯の量刑は同じ。

※過失犯は、一年以下の拘禁刑又は三〇万円以下の罰金。

※行為の遂行を共謀し、教唆《きょうさ》し、又は煽動《せんどう》した者は、三年以下の拘禁刑又は三〇〇万円以下の罰金〉

〈外国の利益若しくは自己の不正の利益を図り、又は我が国の安全若しくは国民の生命若しくは身体を害すべき用途に供する目的で、人を欺《あざむ》き、人に暴行を加え、若しくは人を脅迫する行為により、又は財物の窃取《せっしゅ》若しくは損壊、施設への侵入、有線電気通信の傍受《ぼうじゅ》、不正アクセス行為その他の重要経済安保情報を保有する者の管理を害する行為により、重要経済安保情報を取得したときは、当該違反行為をした者は、五年以下の拘禁刑若しくは五〇〇万円以下の罰金に処し、又はこれを併科。

※未遂犯の量刑は同じ。

※行為の遂行を共謀し、教唆し、又は煽動した者は、三年以下の拘禁刑又は三〇〇万円以下の罰金〉

〈公益上の必要等により提供された重要経済安保情報を知り得た者が漏らしたときは、三年以下の拘禁刑若しくは三〇〇万円以下の罰金に処し、又はこれを併科。

※未遂犯の量刑は同じ。

※過失犯は、六月以下の拘禁刑又は二〇万円以下の罰金。

※行為の遂行を共謀し、教唆し、又は煽動した者は、二年以下の拘禁刑又は二〇〇万円以下の罰金〉

「罰則」については、「当該情報が漏洩した場合の影響の大きさを踏まえる」「他の法令とのバランスを勘案する」「漏洩を抑止するために有効なものにする」ことを念頭に検討した。

『特定秘密保護法』では、「特定秘密の取扱いの業務に従事する者が、その業務により知得した特定秘密を漏洩」した場合の最高刑は「懲役一〇年」だ。

『国家公務員法』と『自衛隊法』では、「職員や隊員が、職務上知ることができた秘密を漏洩」した場合の最高刑は「懲役一年」だ。「特定秘密」ほど機微度は高くないものの、漏洩した場合には安全保障に支障を与えるおそれがある「重要経済安保情報」については、「五年以下の拘禁刑」にすることが妥当だという結論になった。

『重要経済安保情報保護活用法』では、「懲役」ではなく「拘禁刑」としているが、二〇二五年六月一日に「懲役」と「禁錮《きんこ》」を廃止し、「拘禁刑」を創設する『改正刑法』が施行されるからだ。

また本法では、「国外犯」も罰することとしている。

加えて、漏洩等の行為が法人等の業務に関して行われた場合には、行為者である自然人を罰するほか、当該法人等にも罰金刑を科す、いわゆる「法人両罰規定」を置いた。

これは、『特定秘密保護法』では置かれていない規定だ。しかし本法では、『特定秘密保護法』と比較して事業者への指定情報の提供の要件を緩和しており、事業者が対象情報を取り扱うケースがより広く想定される。また「重要経済安保情報」については、企業の事業活動に関連するものも多くなると考えられ、その結果、法人が業務に関して「重要経済安保情報」を不正に取得しようとする場合や、適合事業者が業務に関して漏洩する場合も想定される。そのため、この規定を設けることとした。

「重要経済安保情報」の検証・監察を

さて行政機関の長は、国会において保護のために必要な措置が講じられ、我が国の安全保障に著しい支障を及ぼすおそれがないと認めたときは、国会の秘密会に対して「重要経済安保情報」を提供することとしている。

国会において必要な措置が講じられていれば、外国政府等の情報源との関係で、別途の承諾なく第三者に提供することが認められていないような場合（いわゆる「サード・パーティー・ルール」）など、ごく例外的な場合を除き、政府から「重要経済安保情報」を提供することとなる。「必要な措置」とは、「重要経済安保情報」を利用する者や知る者の範囲を制限するなど、国会において適切と認める「重要経済安保情報」の保護のための措置である。

この情報提供によって、国会において法律の運用状況について確認いただくことができる。

現在は、「特定秘密」の指定およびその解除等の適正を確保するために、内閣府に置かれた独立公文書管理監が独立した公正な立場から検証・監察などを行っている。「重要経済安保情報」についても同様の検証・監察を行うこととする方向で準備を行う。

また、法律上、内閣総理大臣が各行政機関を監督する趣旨で、重要経済安保情報の指定・解除や適性評価を実施すること、適合事業者の認定に関し、資料の提出や説明を求め、必要に応じ勧告を行い、勧告の結果とられた措置について報告を求めることができるとしている。

これらを通じて、制度運用について多層的なチェックを行う。

衆議院における修正

また衆議院における審議に際し、与野党共同で政府提出の法律案に対する一部修正案が提出され、衆議院では、当該修正案と、当該修正案による修正部分を除いた原案が可決、政府提出の法律案は修正議決された。

参議院においては、衆議院における一部修正後の法律案が可決され、成立した。

衆議院における修正は、大きく四つの柱からなっており、提案者によりご説明のあった趣旨は、次の通りだ。

一　重要経済安保情報の指定等の運用状況の報告等について

内閣総理大臣は、毎年、重要経済安保情報の指定等の状況を有識者に報告し、その意見を聴かなければならないものとすること。

二　国会への報告等について

政府は、毎年、有識者の意見を付して、重要経済安保情報の指定等の状況について国会に報告するとともに、公表するものとすること。

三　指定及び解除の適正の確保について

政府は、重要経済安保情報の指定及びその解除の適正を確保するために必要な方策について検討し、その結果に基づいて所要の措置を講ずるものとすること。

四　国会に対する重要経済安保情報の提供及び国会におけるその保護措置の在り方について

国会に対する重要経済安保情報の提供については、政府は、国会が国権の最高機関であり各議院がその会議その他の手続及び内部の規律に関する規則を定める権能を有することを定める日本国憲法及びこれに基づく国会法等の精神にのっとり、この法律を運用するものとし、重要経済安保情報の提供を受ける国会におけるその保護に関する方策については、国会において、検討を加え、その結果に基づいて必要な措置を講ずるものとすること。

以上の修正により、政府原案に必要な条項が追加された。

『情報保護協定』の締結

『重要経済安保情報保護活用法』が成立したことにより、すでに情報保全制度が経済・技術の分野においても定着して活用されている国々とのあいだでは、一層の協力を進めることが可能になる。

『国家安全保障戦略』が示す我が国の「総合的な国力」（外交力、防衛力、経済力、技術力、情報力）の向上にも資する法律である。

「経済安全保障版セキュリティ・クリアランス制度」を日本企業の海外ビジネス展開に活かしていくためには、それを後押しするような同盟国や同志国との連携も重要だ。

『重要経済安保情報保護活用法』の全面施行に向けて、有識者のご意見を聴いたうえで、パブリックコメントを経て閣議決定することとなっている『政令』や政府統一の『運用基準』も含めて、諸外国それぞれから、「自国が提供する秘密情報について、日本において実質的に自国と同等の保護が与えられている」と認められるものに仕上げていく必要がある。

法律案提出に至るまでにも主要国政府との情報交換は続けてきているが、今後は、成立した法律の内容とともに運用面も含め、同盟国や同志国への説明を続けていく。

さらに、すでに日本が『情報保護協定』を締結している国や機関への「通報」も必要だ。同協定は、相手国・機関とのあいだで相互に提供される秘密情報を、受領国政府・機関が自らの国内法や関連規則に従って保護するための手続について定めるものだ。

我が国は、米国、英国、フランス、イタリア、ドイツ、オーストラリア、インド、韓国、NATOの九カ国・機関とのあいだで『情報保護協定』を締結している(米国、インド、韓国との協定は、軍事情報のみが対象)。

二〇二四年六月時点では、カナダ、ニュージーランドとのあいだで交渉中であり、ウクライナと交渉を開始することを発表済みだ。

締約国において同協定下の「情報の保護」に影響を及ぼす関連国内法令の変更については、相手国政府・機関に「通報」する旨が規定されている。早々に「通報」を行い、相手国政府・機関と協議をすることになる。

その結果、協定の改正が必要となるか否かは、相手国・機関との協議によるものでもあり、改正によらず運用の見直しで対応する可能性もあることから、予断することはできない。

一般に『情報保護協定』の締結は、我が国政府と相手国政府とのあいだの情報協力を向上させる基盤となるものだ。

日本の国益と安全を第一に考慮しながら、このような基盤整備の必要性・重要性や、相手国からの要望などを総合的に勘案しながら、新たな協定締結の要否について、不断に検討をしていかなければならない。

第9章
外国法制度のリスクを周知せよ

中国共産党組織の設置を定める『会社法』

本章では、私が個人的に懸念している他国の法制度について幾つかご紹介していく。

二〇一九年から二三年までの日本の輸入相手国を見ると、一位が中国、二位が米国、三位がオーストラリアと、固定している。四位と五位には、年によって韓国、台湾、サウジアラビア、UAEなどが名を連ねている。

最新の二〇二三年は、輸入額では、一位の中国が二四兆四一九五億円、二位の米国が一一兆五四六五億円、三位のオーストラリアが九兆九一六億円、四位のUAEが五兆一九四三億円、五位の台湾が四兆九九五七億円と、中国からの輸入が突出して多い。

「サプライチェーンの強靭化《きょうじんか》」と「情報保全の強化」を目指すうえで忘れてはならないのは、日本の第一位の輸入相手国であり、我が国のみならず各国のサプライチェーンに強い影響力を持ち、多くの研究者や留学生を世界各国に送り込んでいる中国の存在だ。

中国の法律の内容を十分に知り、ビジネスにおけるリスクを回避するとともに、重要な技術情報の流出を阻止することが求められる。

また米中対立が激化するなか、第二位の輸入相手国である米国の政府調達や輸出管理などに係《かか》る規制も強化されており、日本企業が両国の法制度の板挟みになる可能性もある。

まずは中国の『会社法』を見てみよう。その第一八条（二〇二三年改正法）は、「会社においては、中国共産党規約の規定に基づき、中国共産党の組織を設置し、党の活動を展開する。会社は、党組織の活動に必要な条件を提供しなければならない」と規定している。

同条にある『中国共産党規約』第三〇条は、「企業、農村、機関、学校、科学研究所（中略）その他の基層組織は、三人以上の正式な党員がいる場合、必ず党の基層組織を設置しなければならない」と規定している。

つまり、中国共産党の党員が三人以上いる企業や学校や研究所では、『会社法』と『中国共産党規約』に従って、中国共産党組織を設置しなければならないのだ。

二〇二〇年には、日本企業の在中国子会社の経営判断を、この企業内に設置された中国共産党組織が掌握したことにより、日本企業が一時、上場廃止の危機に追い込まれる事態に陥《おちい》った。日本企業が中国企業を買収する場合には、子会社の経営について、十分な目配りが必要だということが分かった。

二〇一七年一〇月時点で、当時の斉玉・中央組織部副部長によると、「外資企業の七〇%が党組織を設置している」ということだった。

また、日本国内でも『会社法』と『中国共産党規約』の影響が及んでいる可能性がある。日本にある中国企業に設置されている中国共産党組織も、中国共産党の管理下で、中国の国家戦略に従って活動を行っている可能性がある。

米国では二〇二〇年七月、ＦＢＩ長官が「中国国内に展開する米国企業のなかにも共産党組織が設置されているといわれており、警戒を要する」との懸念を表明した。

また米国政府は、二〇二〇年一〇月二日、「中国共産党員の移民ビザを不受理とする方針」を発表し、同年一二月二日には「中国共産党員とその近親者の短期商用ビザと観光ビザの有効期限を最長一〇年から一ヵ月に変更」した。

そして二〇二三年三月には、「中国共産党員に対する短期商用ビザと観光ビザの発給を禁止する」内容の法律案が議会に提出されている。

米国では、ロビー活動に従事する外国の組織は、定期的に司法省に対して情報開示をすることが求められているが、非政治的なビジネスに従事する民間組織であれば、その「適用除外」が認められている。

そこで、中国共産党の影響を受けた中国企業が、この「適用除外」を抜け穴として利用することを防ぐため、二〇二一年五月、中国の民間組織に対して「適用除外」を認めないとする『中国共産党影響透明化法案』が議会に提出された。

二〇二三年一二月一二日に米国連邦議会下院の中国特別委員会がまとめた『中国との経済関係に関する政策提言の報告書』（“RESET, PREVENT, BUILD : a Strategy to Win

America's Economic Competition with the Chinese Communist Party")においても、この法律案の成立が提言されている。

日本在住の中国人も従う『国家情報法』

次は中国の『国家情報法』である。その第七条で、「いかなる組織及び公民も、国家情報工作を法に基づき支持、協助、協力し、知り得た国家情報工作の秘密を守らなければならない」「国家は、国家情報工作を支持、協助、協力した個人と組織に対して、保護を与える」と規定している。

日本在住の中国人や企業も、「情報工作への協力」義務を課されており、受入国にとっては脅威となる可能性が高い。

前記した『会社法』『中国共産党規約』に基づいて日本国内の企業や大学や研究機関の内部に設置された中国共産党組織が、「日本の先進技術や機微《きび》技術の流出拠点」となる懸念も大きいと思われる。

ここで、「投資と買収」に係る中国企業の日本における行動のなかで、すでに確認されている事例を幾つか挙げる。

「中国への警戒感が高まっているので、出資元を秘匿《ひとく》して日本の先端企業の買収を試みた」

「中国共産党との関係が強い中国企業が、日本で、先端技術を有する企業、資金が必要なベンチャー企業、経営不安に陥った企業への投資を積極的に実施した」

「中国企業が日本企業に出資し、傘下に設立させた子会社を利用して、日本の先端企業の買収を企画した」

「中国企業の在日代表が、日本人の元金融関係者と結託し、日本の地方銀行に中国の電子決済システムを導入させ、地方銀行を介して地方企業の情報を獲得した」

日本の民生技術が中国の武器の性能向上に

中国の「人材リクルート」についても、活発な動きが確認されている。

中国の国家市場監督管理総局系の人材仲介組織の対日担当は、日本企業の幹部にパイプを持っており、すでに多数の日本人技術者を獲得したとされている。定年退職した技術者、マネジメント人材、輸出管理人材も重要なターゲットで、日本の数倍の年俸《ねんぽう》を提示し、技術やノウハウを吸い上げていると聞く。

日本に設立した中国企業の子会社を、日本人技術者のリクルート拠点として活用した例もあったそうだ。

日本の大学などの研究者が「千人計画」（海外で博士号を取得したハイレベル人材の呼び戻しや著名な外国人専門家の招致）に参加していた例も、多数、確認されている。

「技術流出」については、日本の企業や大学に所属する中国人従業員や研究者が行った、企業秘密や研究成果の無断持ち出しが確認されている。

その持ち出し方を書いておこう。企業のインターンシップに参加している留学生、業務委託先の技術者、企業幹部周辺の従業員による持ち出しの事例だ。その手法としては、秘密文書のコピー、サンプルの持ち出し、スマートフォンへのダウンロード、私物ＵＳＢメモリへのコピー、スクリーンショットでの撮影、私用メールアドレスへの送信などを挙げることができる。

日本の大学に勤務したり留学したりした研究者が、中国に帰国後、軍事研究に従事する事例も散見される。

たとえば極超音速兵器。弾道ミサイルに比べると、極超音速ミサイルは複雑な軌道を描くことができる。飛翔高度も低く、ゆえにレーダー探知距離が短いので、現在の日本の防空システムによる迎撃は困難だと指摘されている。

中国では、軍需産業、国防科学技術大学（軍系大学）のほか、国防七校と呼ばれる大学や中国科学院などが、極超音速兵器の研究開発に従事していると聞く。

その極超音速兵器の開発の鍵となるのが、スクラムジェットエンジンや耐熱素材、あるいは流体力学実験などの技術である。これらの関連技術を支える日本の大学や研究機関に、中国人研究者や技術者が多数在籍していたことも確認されている。

なかには、日本の国立大学在籍中に日本政府の科学研究費補助金を受領し、JAXA関連施設にも出入りして、中国に帰国後は極超音速分野の新型実験装置の開発に成功した中国科学院の研究員もいるそうだ。この実験装置がJAXAの実験装置と類似しているとの指摘もある。

また北京理工大学（国防七校）副教授の専門はロケットエンジン燃焼だが、もともと同大学の兵器発射理論・技術の修士課程に在籍したあと、日本の国立大学で燃焼工学を専攻して博士となり、同大学の助教を務めたと聞く。

あるいはハルビン工業大学（国防七校）教授の専門はセラミックスだが、日本の国立研究開発法人の研究員を務めていた。この人物は中国の国防科技イノベーショングループに所属し、多機能耐熱セラミック複合材料の研究を行っていると聞く。

さらに西北工業大学（国防七校）教授の専門は航空エンジン高温部品冷却技術だが、この人物も日本の国立大学の研究員を務めていた。中国では「国防九七三プロジェクト」「国防基礎預研」「航空発動機預研」に従事していると聞く。

復旦《ふくたん》大学解放軍暗号研究共同イノベーションセンター代表を務める中国人専門家も、日本の大学院で暗号技術に係る共同研究に参加していたと聞く。

日本の民生技術が、中国の武器・装備品の性能向上を下支えしてしまっている可能性が高いと考えられる。

学術機関や企業のマネジメント層が、中国の法律を熟知したうえで、特に重要な技術情報は『不正競争防止法』に基づく「営業秘密」としての要件を満たす管理をしていただくことが肝要だと思う。詳しくは第一〇章に記す。

日本企業の資産が中国人民解放軍に徴用される可能性

中国の『国防動員法』は、「満一八歳から満六〇歳までの男性公民及び満一八歳から満五五歳までの女性公民は、国防勤務を担《にな》わなければならない」「必要な予備役要員を確保する」「公民及び組織は、平時には、法により国防動員準備業務を完遂《かんすい》しなければならない」と規定している。

外国在住の中国人も（国連等政府間国際組織に勤務する場合などを除き）免除の対象ではなく、国防勤務の対象者のようだ。

また、企業経営者には予備役出身者が多いと聞いており、仮に日中間に軍事的な対立が生じた場合には、中国資本系企業の日本事務所や中国人が所有する土地・建物も中国の国防拠点となり得る。私は莫大な数の在日中国人が国防勤務に就《つ》くことになる事態を懸念している。

さらに『国防動員法』第五五条は、「いかなる組織及び個人も、法による民生用資源の徴用を受任する義務を有する」としている。

別途、『国防法』第五三条は、「企業事業組織」に、「民兵及び予備役工作を完遂」する義務を課している。すでに「人民武装部」が設置されている日中合弁企業もあると聞く。

そのため非常時には、日本企業の資産や施設が中国人民解放軍に徴用される可能性がある。企業内の「人民武装部」は中国共産党への絶対的な服従を求められるうえ、軍の指揮下にあることから、所属企業の技術提供を求められた場合、拒否することは困難だろう。日本企業内の人民武装部の活動次第では、日本の同盟国や同志国が、安全保障上の懸念から日本企業をサプライチェーンから外すなどの制裁措置を検討する可能性もある。

中国の『改正・反スパイ法』の中身

二〇一九年七月に拘束された五〇代の日本人男性に対する第二審判決公判が、中国湖南省高級人民法院で、二〇二三年一一月三日に行われた。上訴が棄却され、懲役一二年の刑が確定したとの報に接し、たいへん気の毒であり、残念でならなかった。

昨今は「スパイ容疑」によって日本人が拘束される事案が相次いでいる。中国における一連の邦人拘束については、日本政府から中国政府に対して「早期帰国の実現」「司法プロセスにおける透明性の確保」などを、あらゆる機会で働きかけている。

二〇二三年四月二六日には、中国の全国人民代表大会で『改正・反スパイ法』が成立し、同日に公布された。同法は、二〇二三年七月一日から施行されている。

この「法の目的」は第一条に書かれており、「反スパイ活動を強化し」「スパイ行為を防止・制止・処罰し」「国家安全を守り、人民の利益を保護する」ことだ。

「主管機関」は第六条に書かれており、「国家安全機関は、反スパイ活動の主管機関である」「公安、保密等の関連部門と、軍の関連部門は、職責に基づいて分業・協力……」とされている。「国家安全機関」とは公安機関の性質を持つもので、拘留《こうりゅう》、取調べ、逮捕などができる。国務院の「国家安全部」、各省・自治区が設置する「国家安全庁」などが想定される。つまり、国や地方の公安組織と軍が連携する形になっているようだ。

「懲役刑」については『反スパイ法』には書かれておらず、『刑法』の「国家安全に危害を及ぼす罪」という章で規定している。

スパイ行為の内容によって「五年以下の有期懲役」「五年以上一〇年以下の有期懲役」

「一〇年以上の有期懲役又は無期懲役」が科され、国家および人民に対する危害が特に重大な場合で情状が悪質な場合には「死刑」もある。

この二〇二三年の『反スパイ法』の改正によって、もともと四〇条だった条文数が、七一条に増えている。

「法執行権限の拡大」「反スパイ活動への協力者の保障」「行政罰の種類・処理手段の整備」「反スパイ工作への監督」などが改訂されている。

『反スパイ法』の気になる三つの条文

私が全条文を読んで特に気になったのは、次の三つの条文だった。

第一に、第四条の「本法に言うスパイ行為とは、以下の行為を指す」というスパイ行為の類型だ。要約すると、以下のような内容である。

①中国の国家安全に危害を及ぼす活動

②スパイ組織への参加、スパイ組織とその代理人の任務を引き受けること、スパイ組織、及びその代理人に頼ること

③国家秘密、インテリジェンス、その他の国家の安全と利益に関わる文書、データ、資料、

物品を窃取《せっしゅ》、偵察、買収、不法に提供する活動

④国家機関、秘密に関わる機関、重要情報インフラ等に対するサイバー攻撃、侵入、妨害、制御、破壊等の活動

⑤敵のために、攻撃目標を指示すること

⑥その他のスパイ活動

⑥の「その他のスパイ活動」というのは改正前からあった文言《もんごん》だが、「その他のスパイ活動」とは具体的に何なのかが分からず、拡大解釈の不安を覚える。

③の「その他の国家の安全と利益に関わる文書、データ、資料、物品」という文言が新たに加わったのだが、どのような文書や資料が該当するのか明確ではない可能性がある。

第二に、新設された第九条の「スパイ行為を告発したり、反スパイ活動で重大な貢献を果たしたりした個人と組織に対しては、国の関連規定に基づき表彰・奨励を与える」という条文だ。

改正前（第七条）にも「重大な貢献のある場合には報奨を与える」との条文はあったが、改正法では「スパイ行為を告発」した場合が追加された。身近な存在だと思っていた中国人が、表彰や報奨を目当てに、日本人を告発する可能性も皆無ではないだろう。

第三に、第四一条の「国家安全機関が、スパイ行為を調査・把握し、関連する証拠を収集する際、郵便・宅配便などの物流運営団体、電信業務経営者、インターネットサービスプロバイダは、必要な支援と協力を提供しなければならない」という条文だ。

業務や友人とのあいだでやり取りする郵便・宅配便・電話・メールの内容についても、細心の注意が必要になると思われる。

中国滞在中の日本人の皆様や、中国への出張を予定しておられる皆様には、ご自分の身を守るために、中国の『反スパイ法』の条文を読み込んでいただきたい。そして中国政府関係者や取引先との会話内容、あるいは社内や取引先や友人とのあいだの郵便・宅配便・電話・メールの内容にも、十分に留意をしていただきたいと願う。

外務省も、公式サイトで、本件に関する周知活動を展開している。

日本人に適用される可能性が高い条文

中国では二〇二四年二月二七日、第一四期全人代常務委員会第八回会議において、『国家秘密保護法』（中国語：保守国家秘密法）の改正が可決され、五月一日から施行された。

同法は、一九八八年の制定後、二〇一〇年に改正され、二〇二四年の二回目の改正では一二の条文が追加され、計六五条となった。

法の目的は、「国家秘密」を保護し、国家の安全および利益を擁護することとしている。日本を含む諸外国でも同様の目的による法整備が進められているので、目的自体を問題視するものではない。

「国家秘密」の範囲は、第一三条において、次の事項のうち、漏洩《ろうえい》すると国の政治・経済・国防・外交等の分野の安全と利益を損なう恐れのあるもの、と規定されている。法改正前と同様だが、日本の現行法制度に比べると、①④⑤⑥などは広範に読める可能性があるので、注意したい。

①国家事務の重大な政策決定における秘密事項
②国防建設および武装力の活動における秘密事項
③外交および外事活動における秘密事項ならびに対外的に秘密保護義務を負う秘密事項
④国民経済および社会発展における秘密事項
⑤科学技術における秘密事項
⑥国家安全活動の維持・保護および刑事犯罪の捜査における秘密事項
⑦国家秘密保護行政管理部門の確定を経たその他の秘密事項

改正法第一五条では、この「国家秘密」の範囲および秘密レベルについては、秘密保護に関する行政部門が単独で決定することが可能になった。改正前は、外交、公安、国家安全など他の行政部門とともに決定するとされていた。

一方、日本の『特定秘密保護法』など情報保全法制では、守るべき情報の「指定」や「解除」が適切に行われるよう、国会、独立公文書管理監、内閣保全監視委員会、情報保全諮《し》問《もん》会議などによって幾重《いくえ》にもチェックがかかる仕組みになっている。

『改正・国家秘密保護法』では、「共産党による指導と関連部門の権限」が強化されたことも、大きな特徴だ。

まず第三条に、「秘密保護業務に対する中国共産党の指導を堅持する」旨《むね》が盛り込まれた。第四条には、「総体的国家安全保障観を堅持する」旨が盛り込まれた。この「総体的国家安全保障観」とは、二〇一四年に習近平総書記（当時：現在の国家主席）が提唱したもので、政治、国土、軍事、経済、文化、社会、科学技術、情報、生態系、資源、核、海外での権益、宇宙、深海、バイオ、人工知能、データなど、幅広い分野の安全を包括するものとしている。

また第三三条では、雑誌などの出版・印刷・配布やテレビ番組・映画の制作と放送に加えて、「ネット上の情報の制作、複製、発信、伝播《でんぱ》」についても規定を遵守《じゅんしゅ》するよう明記された。

第三四条では、ネットワーク運営者に対して、「ユーザーが発信する情報の管理」を強化するとともに、「国家機密の漏洩が疑われる事件の行政部門による調査への協力」が義務づけられている。中国の情報ネットワークを仕事や学習で活用せざるを得ない日本人の皆様には、留意していただきたい条文だ。

海外への流出防止の強化についても、日本人に適用される可能性が高い条文がある。

第三七条では、中国の組織・機関が中国外もしくは外国が中国内に設立した組織・機関に国家秘密を提供する場合に加え、「任用・雇用した中国外の人員」が業務上の必要性から国家秘密を知った場合は、国の規定に基づき手続きをするとしている。

第四六条では、国家秘密に関わった職員について、離任・離職後も「秘密離脱期間」管理を実施し、「期間内の就業・出国を制限」している。期間終了後も秘密保持義務を負うことに関して規定をしているのだ。

日本の情報保全制度においても退職後に守秘義務はかかるものの、『日本国憲法』第二二条によって「職業選択の自由」や「外国に移住する自由」は保障されているので、転職や出国は制限されない。

この他には第九条で、「国家秘密保護教育」を国民教育システムや公務員教育システムに盛り込み、メディアによる社会全体に向けた宣伝・教育を奨励している。

また第一〇条では、秘密保護に関わる科学技術研究・応用を支援してイノベーション能力を向上するとともに、関連の知的財産を保護するとしている。

香港の『国家安全維持条例』も「域外適用」

次は香港の法制について述べたい。

二〇二四年三月二三日、香港で『国家安全維持条例』が発効した。

もともと一九九〇年四月に制定された『香港基本法』は、香港政府に対して関連法の制定を要請していた。『香港基本法』第二三条は、次のように規定している。

「香港特別行政区は、国に対する謀反《むほん》、国家を分裂させる行為、反乱を扇動《せんどう》する行為、中央人民政府の転覆、国家機密窃取のいかなる行為も禁止し、外国の政治組織・団体が香港特別行政区内で政治活動を行うことを禁止し、香港特別行政区の政治組織・団体が外国の政治組織・団体と関係を持つことを禁止する法律を、自ら制定しなければならない」

二〇〇二年から〇三年にかけても、同法第二三条に基づく法制化に向けた動きはあったが、二〇〇三年七月一日に大規模デモがあり、法制化は頓挫《とんざ》していた。

ところが二〇二〇年六月三〇日、第一三期全人代常務委員会第二〇回会議で、『香港国家安全維持法』が制定・公布、即日施行された。すると翌二〇二一年三月には、香港の選挙制度に関する『香港基本法』の規定の変更により、「愛国」が必要条件となった。そのため民主派や現状維持派は立法会（議会）から一掃されてしまったと報じられている。

二〇二三年一二月一八日には、習近平国家主席に業務報告を行った香港の李家超《りかちょう》行政長官が、記者会見で「習主席に対し、『香港国家安全維持法』を補完する『国家安全維持条例』を二〇二四年中に制定する旨を報告した」と発言した。

年が明け、香港では、二〇二四年一月末から一カ月弱のパブリックコメント期間を経て、三月八日には『国家安全維持条例』の草案が公表され、条例案が立法会に提出された。

立法会では即日、一読が行われ、二読が開始され、三月一九日には三読を終え、同条例案は「全会一致」で可決した。

条例草案の公表から僅《わず》か一一日で、立法会で可決成立したことには、驚いた。可決後、李行政長官が、三月二三日に同条例が発効する旨を発言した。

香港『国家安全維持条例』は、次の九部（全一九〇条）で構成されている。

①前言
②国家反逆等

③反乱、反乱・離反の扇惑《せんわく》、扇動的意図のある行為等
④国家秘密及び間諜《かんちょう》（スパイ）活動に関する犯罪
⑤国家安全に危害を与える破壊活動等
⑥国家安全に危害を与える域外干渉及び国家安全に危害を与える活動に従事する組織
⑦国家安全の維持に関する法執行権力及び訴訟手続等
⑧国家安全を維持するメカニズムと関連保障
⑨関連する条例の改訂

同条例によって維持しようとする「国家安全」とは、第四条において、「国家の政権、主権、統一及び領土保全、国民の福利、経済社会の持続的発展及び国家のその他の重大な利益について相対的に危険がない、内外の脅威を受けていない、持続的な安全な状態が保障されている能力」とされている。

最高刑は無期懲役で、対象は、国家反逆罪、反乱、中国軍のメンバーに反乱するよう扇惑する、国家安全に危害を与える破壊活動とされているようだ（第一〇条、第一五条、第一七条、第四九条）。

「扇動的意図」（中国公民、香港永久居民または香港に居住する者の中国の基本制度や香港の憲

政秩序等に対する憎悪や蔑視《べっし》、離反を煽《あお》るもの）から、扇動的意図を持つ行為をしたり、扇動的意図を持つ文書を公表（出版物の印刷、発行、販売、頒布《はんぷ》、展示、複製）、輸入、所持などする場合には、懲役三年～一〇年に処されるとされている（第二二条～第二四条）。「国家秘密」を不法に取得、所持、開示などした場合には、懲役三年～一〇年に処されるとされている（第二九条～三五条）。

ここでいう「国家秘密」とは、次のようなものだ。

①中国・香港特別行政区の事務における重大な政策決定に関する秘密
②中国の国防建設または中国軍に関する秘密
③中国の外交・外事活動に関する秘密、香港特別行政区の対外事務に関する秘密または中国・香港特別行政区が対外的に守秘義務を負っている秘密
④中国・香港特別行政区の経済・社会発展に関する秘密
⑤中国・香港特別行政区の技術開発・科学技術に関する秘密
⑥香港特別行政区の国家安全保障もしくは治安、または、妨害の調査に対する活動に関する秘密
⑦中央当局と香港特別行政区の関係に関する秘密（基本法の下《もと》で中央当局が担っている香港

特別行政区に関する事項の情報を含む)

そして「間諜活動」を行った場合には、懲役一〇年～二〇年に処されるとされている(第四一条)。

また、ここでいう「間諜活動」の該当活動例は、次の通りだ。

①禁止地域(当該条例上、防衛施設、軍事制限区域、無線通信装置等が設置されるよう設計されている地域等とされている)への接近、検査、上方若《も》しくは下方の通過、立入り若しくはアクセス又は禁止地域の周辺に存在すること(電子的又は遠隔の手段を含む)(第四三条(二)(A)/(B))

②域外勢力に直接的又は間接的に利用されることを意図した情報、文書その他の物品を入手、収集、記録、作成若しくは所持等すること(第四三条(二)(C))

③域外勢力と結託して、国家安全に危害を与える意図をもって、虚偽又は誤解を招くような事実の論述を公衆に公表すること等(第四三条(三))

「域外情報組織」(域外勢力によって設立され、情報工作又は他国・地域に対する転覆・破壊活動に従事する組織）に関して、国家安全に危害を与える意図を持って、または国家安全に危害を与えられるかを気にすることなく関連する行為を行った場合には、懲役一〇年〜一四年に処されるとされている（第四七条）。

そして、多くの犯罪行為について、「域外適用」が想定されている。

「本条例が定める犯罪行為は、香港特別行政区内のすべての人に適用される。犯罪行為が域外における法的効力を有する場合、その域外法的効力は関連部分に規定される」としている（第九条）。

香港経済に深刻な影響が及ぶ『国家安全維持条例』

二〇二四年三月一九日に『国家安全維持条例』案が香港の立法会でスピード可決された当日から翌日にかけて、各国政府は懸念表明をしている。

英国のデービッド・キャメロン外相は、三月一九日、次のような内容の声明を発表した。

「国家安全保障と外的干渉の広範な定義は、香港に住み、香港で働き、香港でビジネスをする人々を困難にする。香港で活動する外交団を含む国際機関にとっては、確実性を提供できない」

「香港の新しい国家安全保障法の全体的な影響は、香港で享受《きょうじゅ》されている権利と自由がさらに損なわれるということである。それは、英中共同声明や市民的および政治的権利に関する国際規約を含む、香港の拘束力のある国際的義務の履行を損なうものである。私は香港当局に対し、基本法に謳《うた》われている権利と自由を尊重し、高度な自治と法の支配を堅持し、国際的な約束と法的義務に従って行動するよう求める」

米国でも三月一九日、国務省副報道官が、次のように述べた。

「この法案で説明されている表現や犯罪の多くは、定義が曖昧《あいまい》で、信じられないほど漠然としていると考えている。域外干渉などという言葉を使っているが、これは信じられないほど漠然としている」

「我々は、この法案を分析し、米国市民だけでなく、私たちが有する他の米国の利益に対して、どのような潜在的なリスクがあるのかを検討している」

「私が言えることは、香港の約束された自治を侵食している責任者を非難することをためらうつもりはないということである。そして、このようなことが起きた場合、私たちは声を上げるだけでなく、状況に応じて、米国が使うことのできる他の行動を取ることも躊躇《ちゆうちよ》しない」

米国連邦議会のベン・カーディン上院外交委員長も同日、次のような内容の声明を発表した。

「広範で曖昧な定義、特に『国家秘密』の共有や『域外干渉』への関与に対する罰則は、これらの法律で想定される『域外適用』とともに、香港の自治と自由の名残《なごり》に冷ややかな影響を与えるだろう」

「香港の米国市民、企業、独立メディアの安全や業務に与える影響についても憂慮している」

「北京政府と香港政府に対し、第二三条立法（『国家安全維持条例』）と二〇二〇年『香港国家安全維持法』を撤回し、香港の人々の基本的権利と自由を回復するよう求める」

「中国による香港における基本的自由に対する継続的な弾圧に鑑《かんが》み、米国議会は、香港特別行政区が米国法の下で受けている優遇措置について引き続き評価を行う」

このほか、EU、カナダ、オーストラリア等からも懸念が表明された。

もちろん我が国も、三月二〇日、次のような外務報道官談話を発出している。

「香港は、一九九七年の返還以来、『一国二制度』の下、多様な意見を尊重する自由で開かれた体制がもたらす繁栄を享受し、アジアの金融センターとして発展してきました。こうした観点から、香港において、自由で開かれた体制が維持され、民主的、安定的に発展していくことが重要であるというのが我が国の一貫した立場です」

「香港をめぐる情勢については、二〇二〇年六月の香港特別行政区国家安全維持法の制定、二〇二一年三月の香港における選挙制度に関する香港基本法の規定の変更についての決定など、『一国二制度』への信頼を損なわせる状況が続いており、重大な懸念を強めていると表明してきたところです」

「そのようななか、『国家安全維持条例』が成立したことは、『一国二制度』への信頼をさらに損なわせるものであり、改めて重大な懸念を表明します」

「日本政府として、引き続き状況を注視するとともに、緊密な経済関係を有する香港における日本国民や日本企業等の活動や権利が、これまでと同様に尊重、保護されるとともに、香港市民の権利や自由が尊重されるよう、引き続き関係国と連携しつつ、中国政府および香港当局に対して求めていきます」

二〇二〇年の『香港国家安全維持法』と同法を補完する二〇二四年の『国家安全維持条例』により、今後、香港で活動を行う各国のビジネス主体に不安感が拡《ひろ》がることは想像に難くない。香港経済にも深刻な影響が及ぶと考えるが、香港滞在中の日本人の皆様には、細心の注意を払っていただきたいと願っている。

台湾ＴＳＭＣの半導体が中国の兵器開発に

そして、「台湾を『第二の香港』にしてはいけない」との思いを強くしている。

中国の習近平国家主席は、二〇二四年新年のスピーチで、改めて「台湾統一」への意欲を示している、と報じられた。

他方、日本では、台湾の大手半導体メーカーTSMCが熊本県菊陽町《きくようまち》に生産拠点を設置したことによって地元は特需に沸き、半導体のサプライチェーン強靱化に向けた期待が高まった。経済産業省も積極的に支援している。

しかし、仮に台湾に中国の法制度が全面的に適用されるような事態が起きたら、前記した『会社法』『国家情報法』『国防動員法』などにより、TSMCを通じた日本の重要技術情報の流出や有事の際の軍事拠点化が懸念される。

二〇二一年四月七日、米国の『ワシントン・ポスト』紙は、TSMCの半導体製品が、台湾企業の世芯電子（設計・販売企業）を経由して、中国企業の天津飛騰（天津飛騰信息技術有限公司）に納入されたと報じた。天津飛騰は、中国人民解放軍の極超音速兵器開発用スーパーコンピュータのCPU（中央演算処理装置）を製造している企業だ。結果的には、台湾のTSMCの半導体製品が、中国人民解放軍の兵器開発に利用された旨が指摘された。

米国政府は、この報道翌日の四月八日に、「天津飛騰」を『Entity List』（商務省の貿易制限リスト）に追加指定した。

TSMCと中国の天津飛騰をつないだ台湾の世芯電子は、当時の同社のWEBサイトによると、全収益の三九％が中国の天津飛騰関連になっていた。同社の主要投資元は外資系ファンドで、日本の大手証券会社も投資を行っていた。

台湾の民進党政権に対する日本や米国の信頼は厚く、国際社会における台湾企業への信用度も高いと聞く。私自身も台湾が大好きで、蔡英文《さいえいぶん》前総統や頼清徳《らいせいとく》総統を敬愛しており、台湾の要人が来日された折には面談し、意見交換を重ねてきた。

しかし、中国人民解放軍は台湾企業への国際社会の信用度に着目し、迂回《うかい》貿易によって利用していると考えられるケースがある。将来、台湾の政権が親中・統一路線に代わってしまった場合にも備えなければならない。

中国を制する米国法に日本企業も留意を

近年、国家安全保障のみならず、経済安全保障や人権問題に関しても米中対立が激化している。そのため、米国や中国の企業と取引をしておられる日本企業の負担がますます重くなっていることを心配している。

米国では、『ＮＤＡＡ（国防授権法）』『ＥＣＲＡ（輸出管理改革法）』『ＦＩＲＲＭＡ（外国投資リスク審査現代化法）』などが制定され、輸出入管理や対内直接投資管理が強化されている。

二〇一八年八月に成立した米国の『二〇一九年NDAA』は、中国企業のファーウェイとZTEが製造する電気通信機器、ハイテラとハイクビジョン、そしてダーファが製造する電気通信機器およびビデオ監視機器を、「排除対象機器」とした。そして、排除対象機器・サービスの政府調達の禁止や、排除対象機器・サービスを使用する企業との契約締結禁止の措置を定めた。

二〇一九年八月一三日からは、中国五社（および関連企業）の排除対象機器やサービスについて、「米国連邦政府機関による調達、購入、契約更新・延長」を禁止した。

また二〇二〇年八月一三日からは、中国五社（および関連企業）の排除対象機器やサービスを「システムの重要な若しくは必須の構成部分」または「システムの一部の重要な技術として用いる機器・システム・サービス」を「利用している企業」についても、米国連邦政府機関との契約を禁止した。

『二〇二三年NDAA』では、SMICやYMTCなど「中国系事業者三社が製造もしくは供給する半導体製品・サービスの政府調達の禁止」「排除の対象となる半導体製品・サービスを含む電子部品もしくはそれを使用する製品を調達または入手するために、米国政府が事業者と契約を締結することの禁止」を決めた。同規制の施行は二〇二七年一二月だ。

『NDAA』に基づく中国企業の機器・サービスを「利用している企業」と米国政府の契

約禁止は、日本企業にも適用されるから、要注意だ。

ＦＣＣ（米国連邦通信委員会）は、米国内で使用される無線周波数機器が無線通信に有害な影響を及ぼさないよう、販売や輸入の前に、技術的要求を満たしているか認証を行う権限を有する。米国内で通信機器を販売するためには、製造事業者、組立者、輸入者に対して、ＦＣＣの認証取得が義務づけられている。

第一章でも触れたが、このＦＣＣは二〇二二年一一月二五日、『二〇一九年安全で信頼できる通信ネットワーク法』に基づき公表している「対象リスト」の機器・サービスのうち、中国企業五社が製造する通信機器やビデオ監視機器につき、二〇二三年二月六日以降の米国内への輸入や販売に関する認証を禁止した。その『行政命令』を発表したのだ。

認証禁止の対象となる中国企業の機器は、次の通りだった。

①ファーウェイもしくはＺＴＥ、またはこれらの子会社もしくは関連会社が製造する「通信機器」および「ビデオ監視機器」

②ハイテラ、ハイクビジョンもしくはダーファまたはこれらの事業体の子会社もしくは関連会社によって製造された「通信機器」および「ビデオ監視機器」（ただし、公共の安全、政府施設のセキュリティ、重要インフラの物理的セキュリティ監視、およびその他国家安全目

的のために使用される範囲に限られる）

後記したハイテラなど三社の機器については、一定の目的のために使用される範囲に限定する但《ただ》し書《がき》が付いているが、この「目的」については広く解釈する方針が示されている。そのうえ認証取得には、「禁止された目的のために販売されないことを保証する方法」をまとめた計画の提出が求められる。

また認証がない通信機器を販売した場合には、七〇〇〇〜一七万七九五一ドルの科料の対象となる。

日本企業が、米国FCCの認証禁止対象となっている中国企業からOEMで供給を受けた電子機器を米国に輸出する場合、ブランド名やラベルが変更されていたとしても、認証禁止の対象になる。要注意だ。

日本企業が注意すべき三種類のリスト

米国のBIS（商務省産業安全保障局）は、輸出管理対象を掲載した『CCL（商務省規制品目リスト）』を管理している。

この『CCL』は、二〇一八年の『ECRA（輸出管理改革法）』を根拠法とする『EAR

（輸出管理規則）』に基づくもので、『ＣＣＬ』掲載品目を懸念国に輸出する場合には、事前にＢＩＳの許可を得なければならない可能性がある。

この『ＥＡＲ』に違反した場合には、刑事罰としては「一〇〇万ドルを超えない罰金、二〇年を超えない禁固《きんこ》刑、又は併科」、民事・行政罰としては「三〇万ドルか違反対象取引額の二倍のいずれか高い額の罰金、許可取り消し、違反者によるＥＡＲ管理品目の輸出等の禁止」が科されることになる。

ＢＩＳの他にも、国務省国際安全保障・不拡散局、国務省国防貿易管理局、財務省外国資産管理局を含めると、米国には一三の制裁リストがあるが、商務省国際貿易局が『ＣＳＬ（統合スクリーニングリスト）』を作成しており、一三の制裁リストを一括検索して、取引先をスクリーニングすることが可能だ。

日本企業が特に注意しなくてはならないのは、ＢＩＳによる次の三種類のリストだと思う。

第一に、『ＤＰＬ（Denied Persons List）』だ。悪質な『ＥＡＲ』違反により、輸出取引権限を剝奪《はくだつ》されている個人・企業・機関が掲載されている。『ＤＰＬ』に掲載された個人等には、米国製品の輸出も再輸出も原則として禁止されているとのことなので、日本企業による再輸出も罰則の対象となり得る。

第二に、『ＵＶＬ（Unverified List）』だ。輸出許可前の確認や出荷後の検証を十分に実施することができない企業などが掲載されている。

『ＵＶＬ』に掲載された企業等に米国製品を輸出・再輸出をする際には、事前に『ＥＡＲ』で禁止されている用途に使用しないことに同意する文書を入手し、保管しなければならないとのことだ。日本企業による再輸出にも適用され得る。

第三に、最も有名な『ＥＬ（Entity List）』だ。大量破壊兵器拡散の懸念がある企業、または米国の安全保障や外交政策上の利益に反する企業などが掲載されている。

『ＥＬ』に掲載された企業等に米国製品を輸出・再輸出する際は、通常は輸出許可が必要でない品目でも、事前にＢＩＳの許可が必要となるが、申請しても原則「不許可」とされる。

過去には、主に米国が制裁を科した中東諸国などの企業が『ＥＬ』に掲載されていたが、近年は、多くの中国企業が追加されているのが目立つ。ファーウェイとその関連企業、新《しん》疆《きょう》ウイグル自治区において人権侵害の疑いがある企業、中国政府の軍民融合戦略に加担している疑いのある企業、南シナ海における中国政府による人工島建造・軍事拠点化を支援した疑いのある企業などだ。

この米国の輸出規制は、「日本から第三国向けの再輸出」や「日本国内における外国人向けのみなし再輸出」にも適用される可能性があるとのことだ。

なお、完成品が日本国内で製造されている「日本製品」であっても、米国製部材が二五％超を占める場合は、米国の輸出規制対象になるとのことだ。輸出先がテロ支援国家になると、米国製部材が一〇％超で規制対象になるという。

つまり、「いったん米国から日本に輸出された製品や技術やソフトウェアを日本から第三国に再輸出する場合」や「米国原産の部品や技術を組み込んで日本で製造した製品を第三国に輸出する場合」に、米国製部材の組込み比率や品目など一定の条件を満たせば、日本企業も規制を受け、違反すると前記した罰則の対象になってしまう可能性がある。

日本企業は、日本の『外為法《がいためほう》』に基づく輸出審査を受けるだけではなく、米国の『ECRA』に基づく『EAR』にも対応しなくてはならなくなっているのだ。

さらに困ったことに、二〇二一年一月九日に施行された中国の『外国の法律及び措置の不当な域外適用を阻止する規則』への留意も必要になってしまった。第三国の法人との正常な経済・貿易について、国際法および国際関係の基本準則に違反する外国の法律および措置が域外適用されることによって不当に禁止または制限を受けた場合、中国公民および組織は、人民法院を通じ、外国の法律および措置を遵守する「当事者」に対して「損害賠償請求」ができるというものである。この「当事者」には、第三国の主体が含まれる可能性がある。

ここでいう「第三国」を日本として、「外国」を米国と置き換えて読むと、分かりやすくなる。つまり、日本企業が、米国の「再輸出規制」に従って『ＥＬ』に掲載された中国企業に製品を供給しなかった場合には、日本企業が「損害賠償請求」を受ける可能性が生じるということだ。

米国の法制度と中国の法制度の板挟みになりかねない日本企業を、いかなる方法で救済できるのか……とても困難な課題である。

外国の法制度を周知するためＪＥＴＲＯに期待

こうした外国の法制度を周知するために、ＪＥＴＲＯ（日本貿易振興機構）に期待する。

この件については、二〇二二年一月の衆議院予算委員会で、当時の自民党政調会長として質疑に立った。そして当時の萩生田《はぎうだ》光一経済産業大臣に対し、四七都道府県に事務所を開設しているＪＥＴＲＯを活用して、中小企業や小規模事業者に至るまで、外国の法制度を知っていただくよう周知に努めるべき旨を指摘した。

その後、ＪＥＴＲＯでは早々に、米国の法制度に関しては、英語バージョンではあるが対応を始めていただいた。後記するが、ＪＥＴＲＯの情報提供機能は充実してきている。

二〇二四年二月一八日に中国国家外貨管理局が公表した『国際収支統計』によると、二〇二三年の外資企業による中国への直接投資は、前年比八二％減になった。新規投資額も減少しているが、そこから差し引かれる事業撤退や事業縮小による資金回収額が増えており、それが特徴的だという。

各国の企業が、『反スパイ法』などの各種法制度、米中対立の激化、中国経済の減速などの影響を懸念しつつあるのかと思う。

日本企業に関しても、二〇二四年二月一四日にＪＥＴＲＯが公表した令和五年度の『日本企業の海外事業展開に関するアンケート調査』で、「中国で既存事業の拡充や新規ビジネスを検討する企業の割合」は三三・九％となり、過去一〇年で最低となった。

そして「今後三年で最重要な輸出先」については、一位が米国（二〇・九％）となり、初めて中国（一八・四％）を抜いた。三位以降は、ベトナム（七・七％）、台湾（七・一％）、インド（六・一％）だった。

最近は、中国の法制度に伴うリスクや円安の影響もあると思うのだが、中国に展開していた日本企業が、国内に回帰する動きが出てきたようだ。他方、東南アジア諸国に生産拠点を移す日本企業も多いと聞く。

ＪＥＴＲＯが実施している『中小企業海外展開現地支援プラットフォーム』は、中小企業から、輸出、海外進出、海外拠点の運用などに関する相談があったときに、現地在住の専門家（一九カ国・地域、二七カ所にコーディネーターを配置）が、対面やオンラインで個別に対応してくださる事業だ。利用は無料なので、ありがたいサービスだと思う。

本章で問題提起した外国法制についても、「現地における法務、労務、会計、税務上の各種規制や手続」「輸出時に留意すべき現地の規制、規格、認証等」として、回答してくださるそうだ。

このほか、「現地市場の規模、特徴、トレンド、業界構造」「競合可能性が高い、または市場シェアの高い製品・サービス」「主な流通形態・販売ルート」「現地特有の商習慣」「現地法人の設立手続」などについて、市場調査や相談サービスを実施している。

加えて、現地の取引先候補企業やパートナー候補企業をコーディネーターがリストアップしてくださるサービス、リストアップ企業については商談のためのアポイントメント取得をしてくださるサービスもある。

比較的多くの日本企業が直接投資や現地企業との取引をしている諸外国については、国別の輸出入管理や投資規制、あるいは労働法制、税制、治安や人権に係る法制など、企業活動に必要な広範な法制度について、ＪＥＴＲＯや外務省などの公式サイト経由で、皆が手軽に日本語で読めるようなサービスも期待している。

第10章

新たな課題への挑戦

逮捕された産総研の中国籍研究員

本章では、経済安全保障担当大臣や科学技術政策担当大臣として課題の洗い出しや関係省庁への働き掛けはできたものの、実務の主務大臣ではないため現時点で対応が終わっていない課題や、未だ検討中の課題について、幾つかを記す。

現職中に全力で所管省庁に働き掛けを続けることは当然だが、むしろ現職を離れたあとに自民党政調会の各政策構築機関において、同志議員とともに所管省庁による対応を促《うなが》したいと考えている案件も含まれる。

よって本章は、一人の国会議員としての記述になることをお断りしておく。

まずは秘密情報の流出に関する件として、いわゆる「産総研事件」を記しておきたい。

二〇二三年六月一五日に、国立研究開発法人産業技術総合研究所（以下、産総研）の中国籍研究員が、『不正競争防止法』に違反した容疑で警視庁公安部に逮捕され、同年七月五日に起訴された。

この中国籍の研究員は、産総研の技術情報を無断で漏洩《ろうえい》し、自身が関与する複数の中国企業を通じて、中国で多数の特許出願をしていた疑いがあるということだった。

このとき私は、「これは、氷山の一角ではないか」と感じた。

中国籍研究員の不審な行動に疑問を抱いた産総研は、警視庁と協力して、長期にわたって内々に調査を続けた。その結果、逮捕に至ったのだが、当該の研究員は中国在住の親の介護を理由に何度も出入国を繰り返していた。途中で調査に気づかれ出国されてしまっていたら、身柄の確保はできなかった。むしろ、産総研のチェック体制が機能した結果だったといえよう。

産総研は、経済産業省が所管する国立研究開発法人だが、日本には、国立研究開発法人が二七法人もある。それらの法人の所管は、内閣府、経済産業省、総務省、文部科学省、国土交通省、農林水産省、厚生労働省、環境省と、八つの府省に分かれている。

二七の国立研究開発法人の常勤職員数は、合計約二万六〇〇〇人。そのうち、外国籍の常勤職員数は、二六法人に一一九四人。ちなみに中国籍の常勤職員数は、二二法人に三六二人だった（いずれも、事件が公になった二〇二三年六月時点の人数）。

国立研究開発法人や大学などの研究機関は、国家基盤プロジェクトへの参画などを通じて我が国の重要課題に取り組んでいるので、より徹底した情報管理や「研究インテグリティ」（研究者および大学・研究機関等における研究の健全性・公正性）の確保が求められる。

二〇二三年六月一五日に逮捕の一報を受けて、「他の国立研究開発法人でも、気づいていないだけで、類似事案が発生している可能性はあるだろう」と思った。

よって、まずは科学技術政策担当大臣の立場でできることを考え、内閣府の職員に対応するよう指示した。

六月二〇日朝の閣僚懇談会では、七人の所管大臣にご協力をお願いし、同日中に大学や二七の国立研究開発法人を所管する各省の担当局長宛《あて》に、私の名前で「研究インテグリティの確保の徹底」を要請する通知を発出した。

また六月二九日には、改訂した『研究の国際化・オープン化に伴う新たなリスクに対するチェックリスト（雛形《ひながた》）』を添付した研究インテグリティの確保のためのリスクマネジメントの仕組み整備の重要性に関する事務レベルの通知も発出した。

また同二九日には、国立研究開発法人の理事長などが集まる「国立研究開発法人協議会」の総会の場で、内閣府の職員から研究インテグリティの確保や情報管理について徹底を依頼する機会をいただいた。

同協議会の場では、あくまでも私の判断で、参考資料として、中国の『国家情報法』の条文を配布してもらった。『国家情報法』では、いかなる組織および公民も国家情報工作に協力する義務を負い、国は協力した個人と組織を保護することになっている。同法は公開情報である。国立研究開発法人のマネジメント層の皆様に、他国の法律を知ったうえで留意していただくことが重要だと考えたのだ。

外国人研究員を排除しない理由

中国籍研究員の逮捕以降、多くの皆様から、「国立研究開発法人で外国人研究員を雇わないようにする法律は作れないのですか？」という旨《むね》のご質問もいただいた。

たとえば、『外務公務員法』では、外交官などを日本国籍者に限定している。

また『国家公務員法』には国籍要件はないが、『人事院規則』で「日本の国籍を有しない者」は採用試験を受けられないこととなっているので、原則として外国人は日本の国家公務員にはなれない。

しかし、『独立行政法人通則法』に国籍要件はない。

日本の研究開発力強化のためには、卓越した外国人研究員の能力の活用が必要だ。日本人研究員に採用を限定すると、同盟国や同志国の優秀な研究員の招聘《しょうへい》や共同研究もできなくなってしまう。

だからこそ、各法人において、情報セキュリティの強化も含め、重要情報をしっかり守れる体制を整え、取組を徹底していただかなくてはならないのだ。

二七の国立研究開発法人それぞれの『設置法』は、「秘密保持義務」と「罰則」を規定している。

たとえば、中国籍研究員が逮捕された産総研の設置法である『国立研究開発法人産業技術総合研究所法』の第一〇条の二は、「研究所の役員及び職員は、職務上知ることのできた秘密を漏らし、又《も》は盗用してはならない。その職を退いた後も、同様とする」と規定している。同法第一四条は、「第一〇条の二の規定に違反して秘密を漏らし、又は盗用した者は、一年以下の懲役又は三〇万円以下の罰金に処する」と規定している。

ちなみに、国立研究開発法人によって、法律に定める罰金の額は異なる。

各法人のマネジメント層が、採用時に、日本人も外国人も含めてすべての職員に『設置法』を徹底して理解してもらう取組を実施してくださることも有効だと思う。

研究機関や企業で『不正競争防止法』の活用を

また『不正競争防止法』は、「営業秘密侵害罪」と「罰則」を規定している。

「営業秘密侵害罪」は、有用な「技術上」または「営業上」の情報の侵害だ。罰則は、「一〇年以下の懲役若《も》しくは二〇〇〇万円以下の罰金（又はこれの併科）」、法人に対しては「五億円以下の罰金」である。

また海外重罰として、「一〇年以下の懲役若しくは三〇〇〇万円以下の罰金（又はこれの併科）」、法人に対しては「一〇億円以下の罰金」としている。

ただし、『不正競争防止法』によって「営業秘密」として保護を受けるためには、次の三要件を満たす必要がある。

①秘密として管理されていること（秘密管理性）
②有用な技術又は営業上の情報であること（有用性）
③公然と知られていないこと（非公知性）

国立研究開発法人に限らず、大学や企業などのマネジメント層に、重要技術について、同法の要件を満たす管理体制を実施していただくことが有効だと考える。

さらに二〇二四年四月一日に施行された（二〇二三年六月一四日公布）『改正不正競争防止法』（以下、改正法）によって、外国人を含む退職者（元従業者）や業務委託先などに営業秘密を領得された被害企業等による損害賠償請求が容易になったことも付記したい。

営業秘密の不正取得（民事）において、原告が損害賠償請求などを行う場合、被告が営業秘密を実際に使用しているかどうかを原告が立証することは困難だ。

よって『不正競争防止法』では、以下の二点を立証すれば、被告が「営業秘密を使用したと推定する」規定が設けられている。

①被告が生産方法等の営業秘密を、不正取得したこと
②被告がその営業秘密を使用すれば生産することができる製品を生産していること

これまでは「推定規定」の適用対象が、「営業秘密へのアクセス権限が無い者（産業スパイ等）」「不正に取得等した者から、その不正な経緯を知った上で転得《てんとく》した者」に限られていた。

しかし改正法では、元従業者や業務委託先など、「元々営業秘密にアクセス権限があった者」と「不正な経緯を知らずに転得したが、その経緯を事後に知った者」にも対象が拡充された。

また改正法では、日本国内で営業秘密を管理している国内で事業を行う企業の民事訴訟に関して、海外での侵害行為についても、日本の裁判所で『不正競争防止法』に基づき提訴できる旨を明確化した。

たとえば、日本企業で生産方法に関する営業秘密にアクセスすることができた外国人の「元従業者」が、当該日本企業の営業秘密を領得したうえで外国企業に転職したケース。その外国企業が不正な経緯を事後的に知ったにもかかわらず、外国で日本企業の営業秘密を

使用して製品を生産している場合、日本企業は、日本の裁判所で提訴ができるようになった。

その際、外国人元従業者が許可なく営業秘密を複製したことと、外国企業が不正な経緯を事後的に知ったうえで、その営業秘密を使って生産することができる製品を生産していたことを立証すれば、「被告が、その営業秘密を使った生産方法を使用していないことを立証できない限り」、侵害行為として認められることになる。

日本の裁判所の判決に基づいて外国で強制執行をすることはできないが、損害賠償請求の場合、当該外国企業の財産が日本国内にあれば、その財産の差押えをすることは可能だ。

「研究インテグリティ」とは何か

二〇二一年四月二七日には、政府の統合イノベーション戦略推進会議において、『研究活動の国際化、オープン化に伴う新たなリスクに対する研究インテグリティの確保に係る対応方針について』(以下、『対応方針』)が決定されている。

この『対応方針』の内容を簡潔に記すと、次の通りだ。

①研究者自身による適切な情報開示

自らの研究活動の透明性を確保するため、所属機関や研究資金配分機関に対して、必要な情報の報告を適切に行う。

②大学・研究機関等のマネジメントを強化

所属する研究者の人事および組織のリスク管理として必要な情報（職歴・研究経歴、兼業等の所属機関・役職、当該機関外からの研究資金や研究資金以外の支援・当該支援の相手方）の報告・更新を受け、リスクへの対処（マネジメント）を適切に行う。

③公的資金配分機関による申請時の確認

研究資金申請時に、外国資金の受入れや外国機関との兼業等の情報の提出を求める。

政府では、前記①②については、研究者と所属機関向けのチェックリスト雛型（機関向けは、前記の通り二〇二三年六月二九日に改訂）を作成、公表、配布している。研究機関や大学に対しては、関係の規定や体制の整備に関する周知や連絡を行っており、研究者や所属機関向けのセミナーや説明会も開催している。

前記③については、所管府省が内閣府、文部科学省、経済産業省、厚生労働省など幅広くなるが、二〇二一年一二月一七日に『競争的研究費の適正な執行に関する指針』（ガイドライン）を改定し、以下の点が、二〇二二年度の公募から適用されている。

・国外も含む外部からの支援や兼業等の情報を提出させ、所属機関への適切な報告の誓約を求める。

・利益相反《そうはん》・責務相反に関する規定の整備の重要性を明示し、必要に応じて状況を確認。

・虚偽申告に対し、公表、不採択、採択取消し、研究費返還、五年の応募制限。

そして、『対応方針』に基づく取組状況については、二〇二二年度から「フォローアップ調査」を実施している。

内閣府が国立研究開発法人などの研究機関や研究資金配分機関を調査し、文部科学省が大学について調査している。

内閣府では、文部科学省より少し早く二〇二三年一二月二七日に、『研究インテグリティの確保に係る対応方針令和五年度フォローアップ調査結果』を公表した。

二〇二三年度のフォローアップ調査からは、「研究者や職員から報告された情報をもとに、事実関係を客観的に確認する仕組みの整備」や「リスクが顕在化《けんざいか》する前に対処する仕組みの整備」など、研究インテグリティの確保の体制が機能するものになっているかどうかを問う趣旨の質問を追加した。

内閣府による調査対象は、国立研究開発法人のうち二四機関と、六つの独立行政法人（酒類総合研究所、国立重度知的障害者総合施設、国立病院機構大阪刀根山《とねやま》医療センター、国立病院機構東京病院、国立病院機構相模原病院、労働者健康安全機構）を加えた三〇の機関だった。

以下、内閣府が調査した国立研究開発法人を含む独立行政法人三〇機関から寄せられた回答結果を紹介する。

Q1：研究インテグリティの確保に向けて、関係者に適切な理解を促す取組を実施しているか？

・実施している九七％（二九機関）

・検討している三％（一機関）

・検討していない〇％（なし）

Q2：研究インテグリティの確保に向けて、利益相反・責務相反に関する規程を整備しているか？

・整備している八〇%（二四機関）
・検討している二〇%（六機関）
・検討していない〇%（なし）

Q３：研究インテグリティの確保に向けて、適切なリスクマネジメントを行うことができる組織体制を整備しているか。
・整備している八三%（二五機関）
・検討している一七%（五機関）
・検討していない〇%（なし）

Q４：研究インテグリティの確保に向けて、リスクマネジメントするために規程等を整備しているか?
・整備している六七%（二〇機関）
・検討している三三%（一〇機関）
・検討していない〇%（なし）

Ｑ５：研究インテグリティの確保に向けて、報告された情報の事実関係を客観的に確認する仕組みを整備しているか？
・整備している六三％（一九機関）
・検討している三七％（一一機関）
・検討していない〇％（なし）

Ｑ６：研究インテグリティの確保に向けて、リスクが高いと判断した場合に、リスクが顕在化する前に対処する仕組みを整備しているか？
・整備している六三％（一九機関）
・検討している三七％（一一機関）
・検討していない〇％（なし）

研究インテグリティの確保について、研究機関の意識は高くなっていると感じたが、Ｑ６の「研究インテグリティの確保に向けて、リスクが高いと判断した場合に、リスクが顕在化する前に対処する仕組みを整備しているか？」という質問について、整備している機関が六三％の一九機関に止まったことに関しては、大臣記者会見でも厳しいご指摘をいただいた。

ここで「検討している（未整備）」としていた三七％の一一機関に関しては、所管省に確認したところ、「年度内（二〇二四年三月末まで）、またはできるだけ早期に整備する」方針だということだった。

国立研究開発法人協議会でも、強い問題意識を持っていただいた。そして同協議会の下《もと》に「研究インテグリティタスクフォース」を設置し、産総研で起こったような事件の再発防止策を含め、国立研究開発法人全体の研究インテグリティ・研究セキュリティ（安全保障貿易管理や営業秘密管理を含む）の確保を図るための議論が行われている。

科学技術政策担当大臣としては、『安全保障貿易管理』や『不正競争防止法』を担当する経済産業省、大学を担当する文部科学省、国立研究開発法人協議会などと協力して、研究機関などに対する説明会やセミナーを開催し、「国内外における新たなリスクと想定される事例」や「対応取組例」を共有しながら、理解醸成を促していく。

大きく改善しつつある国立大学の取組

二〇二四年二月二二日に公表された文部科学省の『研究インテグリティの確保に係る対応方針令和五年度フォローアップ調査結果』については、調査対象が、国立大学および医・歯・薬・理工・農・情報・獣医系学部等を持つ公私立大学三三五大学と多数だったため、文部科学省では相当な苦労をされたと思う。

三三五大学への調査結果は、次の通りだった。

Q1：研究インテグリティの確保に向けて、関係者に適切な理解を促す取組を実施しているか？

・実施している四二％（一四〇校）
・令和五年度中に実施予定一〇％（三五校）
・検討している四五％（一四九校）
・検討していない二％（七校）
・未回答一％（三校）

Q2：研究インテグリティの確保に向けて、利益相反・責務相反に関する規程を整備しているか？

・整備している四四％（一四七校）
・令和五年度中に整備予定一〇％（三三校）

・検討している四〇％（一三五校）
・検討していない五％（一六校）
・未回答一％（三校）

Q３：研究インテグリティの確保に向けて、適切なリスクマネジメントを行うことができる組織体制を整備しているか？
・整備している三二％（一〇八校）
・令和五年度中に整備予定一三％（四三校）
・検討している五〇％（一六六校）
・検討していない四％（一四校）
・未回答一％（三校）

Q４：研究インテグリティの確保に向けて、リスクマネジメントするために規程等を整備しているか？
・整備している二四％（八〇校）
・令和五年度中に整備予定一七％（五五校）

・検討している五五％（一八五校）
・検討していない四％（一三校）
・未回答約〇％（一校）

Ｑ５：研究インテグリティの確保に向けて、報告された情報の事実関係を客観的に確認する仕組みを整備しているか？
・整備している二四％（八一校）
・令和五年度中に整備予定一一％（三七校）
・検討している六〇％（二〇〇校）
・検討していない五％（一五校）
・未回答約〇％（一校）

Ｑ６：研究インテグリティの確保に向けて、リスクが高いと判断した場合に、リスクが顕在化する前に対処する仕組みを整備しているか？
・整備している二五％（八四校）
・令和五年度中に整備予定一三％（四二校）

・検討している五七％（一九二校）
・検討していない五％（一五校）
・未回答約〇％（一校）

文部科学省が公表したフォローアップ調査の結果を細かく見ると、国立大学八六大学に限定すると、Q1～Q3については、約九割の大学が二〇二四年三月までに「実施済」となる予定となっており、前年度調査よりも約四〇％増。Q4～Q6についても、約八割の大学が二〇二四年三月までに「実施済」となる予定だった。国立大学の取組は、大きく改善しつつある。

他方、公私立大学まで含めた三三五大学の結果では、未だ「検討している」という大学数が多く、「検討していない」「未回答」の大学もあり、これは残念な結果だった。

「『学問の自由』『大学の自治』との関係もあり、なかなか大学に対しては強く言いにくい」という文部科学官僚の本音を伺ったこともある。しかし国公立であれ私立であれ、大学には税金が投入されている。貴重な技術情報の懸念国への流出を防止する重要性については、論を俟《ま》たないと考える。

文部科学省では、「大学向け公募型事業においても、研究インテグリティの体制整備を求める」「大学に対してインセンティブ支援を行う事業の評価項目に、研究インテグリティに係る項目の追加を検討する」ということだ。

政府が粘り強くフォローアップ調査とグッドプラクティスなどの情報提供を続けることによって、国立研究開発法人においても、国公私立大学においても、研究インテグリティの確保に係る取組は進んでいくのだろうと思う。

しかし、組織や体制、あるいは規程を整備しても、マネジメント層の意識や人手不足などの事情によっては、実効的な対応がなされない大学が残る可能性はある。

二〇二一年四月に政府で決定した前記の『対応方針』は、法律ではない。

文部科学省をはじめとする政府全体と与党の合意に加え、各大学のご理解が必要なので、ハードルは高いと感じるが、『対応方針』を丁寧に法制化して、情報流出リスクを最小化することが必要な時代になったと考えている。

併せて、懸念国企業による対日投資や日本企業買収による情報流出も深刻に捉《とら》えるべきで、後記するが、『外為法《がいためほう》』による対応強化を検討したい。

「基幹インフラ制度」の対象に「医療」を

第四章に記した通り、二〇二三年七月四日に発生した名古屋港コンテナターミナルにおけるシステム障害を受けて、内閣府と国土交通省が協力をして検討を続けた結果、二〇二四年の通常国会に『経済安全保障推進法の一部を改正する法律案』を提出することができた。

同改正案は二〇二四年五月一〇日に成立した。これによって、「一般港湾運送事業」は「基幹インフラ制度」の「特定社会基盤事業」に追加された。

二〇二三年七月に同じく追加に向けた検討を指示した「医療」については、残念ながら追加が叶わなかった。

私自身は、二〇二二年五月に成立した『経済安全保障推進法』の原案を自民党で審査していた段階から、当時の党政調会長としても、党経済安全保障推進本部長としても、政府側に対して「医療」を「基幹インフラ制度」の対象に追加するべきだと主張してきた。

第一章に記した通り、日本のみならず海外でも、医療機関に対するサイバー攻撃は深刻な被害を生じさせている。

何よりも、ランサムウェア攻撃によって電子カルテ等が暗号化されるケースを心配していた。加えて、人工呼吸器、麻酔器、薬物注入ポンプなど生命に関わる多数の医療機器について遠隔操作が可能だという脆弱性《ぜいじやくせい》が明らかになった。このときの米国政府機関の対応については二〇一八年一二月に刊行した拙著『サイバー攻撃から暮らしを守れ！』にも記したが、医療機器への攻撃による影響についても懸念していた。

しかし厚生労働省からは、「医療機関がサイバー攻撃を受けて機能が停止しても、他の医療機関で機能を代替できるので、対象にする必要はない」との説明がなされた。

サイバー攻撃から復旧に二カ月以上かかった基幹病院

『経済安全保障推進法』の「基幹インフラ制度」については、第四章に詳記した。

仮に「医療」が法定の「特定社会基盤事業」に追加された場合、「特定社会基盤事業者」に指定された医療機関は、新たに特定重要設備を導入する際や維持管理等の外部委託を行うときには、予《あらかじ》め事業所管大臣に「計画書」を届け出なければならなくなる。国が事前審査をして、サイバー攻撃など外部から行われる妨害行為を受けるおそれが大きいと認めるときは、当該設備の導入や委託を中止する勧告や命令を行う。

医療機関側から見ると「規制」であり、負担が大きくなるという反対意見が噴出することについても、厚生労働省は懸念していたのではないだろうか。

私は、全国各地の小規模な診療所まで対象にするのではなく、たとえば基幹災害拠点病院や高度救命救急センター、あるいは過疎《かそ》地域で広域市町村をカバーしているような代替困難な医療機関については、「基幹インフラ制度」の「特定社会基盤事業者」に指定してほしいと要請し続けてきた。

少なくとも、急を要する手術を控えた患者さんの術前検査情報や入院・通院患者の病状、あるいは処方薬の情報についてはバックアップを取っておくなど、基本的なリスク管理を徹底することはイロハのイだ。しかし、それさえ実行していなかった地方の医療機関がサイバー攻撃を受け、診察や治療に影響が出たことは、記憶に新しい。

その後、『経済安全保障推進法』が成立し、同法を所管する大臣に就任してからも、諦《あきら》め切れてはいなかった。

今後、医療DXは確実に進展していく。

様々な機関をオンラインでつないでいくとしたら、いずれかの機関がサイバーセキュリティ対策を怠《おこた》ることによって、思わぬ所に被害が拡大する可能性があることを懸念していた。

「基幹インフラ制度」の対象となることを「負担」と考えるのか、むしろ安心できる医療提供体制を確保するために国が手伝ってくれる「お得な制度」と考えるのかについては、医療関係者によってお考えは様々だと思う。しかし、生命を守ることに直結する分野だけに、検討を続ける必要はあると思った。

「基幹インフラ制度」の対象分野は法定されているため、ここに「医療」を追加するためには、『経済安全保障推進法』を改正する必要がある。

法改正を何度も行うよりは、二〇二四年通常国会に「一般港湾運送事業」を追加するための改正法案を提出する機会に「医療」を追加しておき、リスクを最小化するための備えにしておきたかった。

厚生労働省で検討していただいた結果、二〇二四年一月、最終的に厚生労働省が示した見解は次の通りだった。

①個々の医療機関に対するサイバー攻撃対策については、医療情報システムの安全管理をはじめとして、医療機関のサイバーセキュリティ対策に取り組む対応を行っている。

②個々の医療機器（人工呼吸器、ＭＲＩ等の他の機器やネットワーク等と接続して使用する医療機器等）については、その審査・承認の制度（『薬機法《やっきほう》』）において、サイバーセキュリティ対策の実施状況を確認するようにする（二〇二三年四月一日から適用／経過措置一年間）等の対応を行っている。

③医療機関ごとに病院情報システム（診療に必要な院内のシステム）が構築されていること

から、仮にシステム障害が生じたとしても、個別の医療機関の単位にとどまる。また地域において、複数の医療機関によって重層的に医療提供体制が構築されており、周辺の医療機関と連携により必要な医療提供を継続することが可能である。そのため「特定社会基盤事業者」「特定重要設備」が現時点で想定されず、引き続き『経済安全保障推進法』の対象としない方向である。

たとえば、二〇二二年一〇月三一日にランサムウェアを用いたサイバー攻撃を受けて電子カルテが使用不能となった大阪急性期・総合医療センター（八六五床《しょう》）の場合は、大都市に立地しており、周辺病院への転院が可能だったので（近隣病院九四カ所宛に「通常診療不可・転院受け入れ等協力要請」を送った）、厚生労働省がいう「必要な医療提供を継続することが可能」という観点からは「特定社会基盤事業者」に指定する必要はないということになるのだろう。

この医療センターには、基幹システム・部門システムを含め、約七〇のシステムが存在した。仮設環境による電子カルテの一部参照が可能になり、順次、一部の診療や患者の受け入れを再開しながら、二〇二二年一二月一二日には電子カルテ再構築が完了した。そして二〇二三年一月一一日には診療体制を復旧させたが、サイバー攻撃を受けてから二カ月半近くを要した。

同医療センターも、基幹災害拠点病院、高度救命救急センター、地域周産期母子医療センター、地域医療支援病院、地域がん診療連携拠点病院としての機能を有する重要な医療機関だ。評判が良い医療機関らしく、隣接する奈良県のがん患者の方々も利用しておられる。

「医療ＤＸ」に関連する主なシステム

「医療」分野においては「特定重要設備が現時点で想定されない」という厚生労働省の見解について、複数の医師に聞いてみたところ、次のようなご意見をいただいた。

「確かに受付部門、会計部門、検体検査部門などは、紙運用や後日の請求や口頭のオーダーで対応できるが、患者の診療情報を一元管理する『電子カルテシステム』が使えなくなったら、医師にとっては致命的だ。ゼロから患者情報を集めなくてはならず、手術当日や入院患者の容体《ようだい》が急変したときなど、緊急を要する場合には対応できない」

「大都市でも過疎地域でも、地域医療を担《にな》う規模の病院については、『電子カルテシステム』だけは絶対にサイバー攻撃から守り抜ける政策が必要だ」

「私はむしろ、人工呼吸器など医療機器へのサイバー攻撃が最も怖い」

「医療ＤＸが予定より遅れそうなので、むしろ幸いに思っているのだが、『電子カルテ情報共有サービス』を始めるのなら、『オンライン資格確認等システム』のサイバーセキュリティ対策は徹底してほしい」

医師たちのうち一人が言及した「医療ＤＸ」だが、関連する主なシステムの概要は、次の通りだ。

①オンライン資格確認等システム

マイナンバーカードのＩＣチップまたは健康保険証の記号番号等によって、オンラインで資格確認ができるシステム。

すでに運用が開始されている。

②電子処方箋《しょほうせん》管理サービス

電子的に処方箋の運用を可能とする仕組み。薬の処方・調剤の際に、患者が直近で処方された内容の閲覧《えつらん》や、当該データを活用した重複投薬等チェックの結果確認が可能。

すでに運用が開始されており、実施する医療機関や薬局を拡大中だが、二〇二五年度には概《おおむ》ねすべての医療機関・薬局で導入予定だ。

③電子カルテ情報共有サービス

全国の医療機関や薬局をつなぐ「オンライン資格確認等システム」（開発・運営を行う実施機関は、社会保険診療報酬支払基金）のネットワークを活用し、医療機関や薬局とのあいだで電子カルテ情報を共有する仕組み。

今後、検査値（生活習慣病、救急）、アレルギー、薬剤禁忌《きんき》、傷病名などが共有され、順次、医療機関を増やし、共有する医療情報も拡大する予定だ。

二〇二三年六月に策定された『医療DXの推進に関する工程表』において、「電子カルテ情報共有サービス」の運用開始は二〇二五年度となっているが、衆議院内閣委員会における厚生労働省の答弁によると、二〇二四年度中には、標準規格に準拠《じゅんきょ》した電子カルテを使用する医療機関等から接続を開始するということだ。

④標準型電子カルテ

標準規格に準拠したクラウドベースの電子カルテ。導入対象として、電子カルテの普及が進んでいない二〇〇床未満の中小病院または診療所を想定している。

『医療DXの推進に関する工程表』においては、「標準型電子カルテ」の本格実施は二〇二六年度以降とされているが、衆議院内閣委員会における厚生労働省の答弁によると、二〇二四年度中にはα《アルファ》版の開発に着手し、一部の医科診療所で試行的実施をするということだ。

なお、厚生労働省によると、全国的なシステムであるオンライン資格確認等システム・電子処方箋管理システムについては、「国の基準に準拠したセキュリティ対策を実施している」ということだった。

電子処方箋管理サービスについても、紙運用も可能なことから、システム障害が生じた場合も医療提供に与える影響は小さいということだった。

遠隔医療のサイバーセキュリティ対策を

二〇二三年一二月二〇日に内閣府で開催した経済安全保障法制に関する有識者会議（基幹インフラに関する検討会合）や、それを踏まえて二〇二四年一月二九日に開催された「経済安全保障法制に関する有識者会議（第九回）」では、「医療」を基幹インフラ制度の対象にしないという厚生労働省の方針に関して、複数の委員から、次のようなご意見が示された。

「異論あり。地域医療支援病院や特定機能病院などの地域の中核となる病院は、特定社会基盤事業者として指定すべき」

「遠隔医療や在宅医療が普及するなか、医療機器も含めたサイバーセキュリティ対策がこれまで以上に求められる。医療施設の事業継続計画を実効的なものとする必要がある」

「経済安全保障推進法上の基幹インフラに該当するかどうかは別として、重要なインフラであることは間違いなく、我が国としてどのように対応すべきかは極めて重要な課題である」

繰り返し強い異論を示された委員もおられたものの、他の委員からは以下のようなご意見も賜《たまわ》った。

「医療は国民の生存に直結するものであり、基幹インフラへの該当性については、もう少し詳細に検討する必要がある。引き続き精査するということをもって、今回の（厚生労働省の）提案に賛成する」

「医療DXは海外の事業者が関与する可能性が高い。日本の医療DXが様々な規制を受けることで、日本の医療DX産業自体が世界に劣後《れつご》してしまう可能性もあるため、慎重に検討いただきたい」

最終的には多数の委員が厚生労働省の整理に賛同された。

サイバー攻撃発生から法改正の検討では遅い

「一般港湾運送事業」にも「医療」にも共通することだと思うが、サイバー攻撃が発生してから基幹インフラ制度の対象を追加する法改正を検討したことについては、次のような厳しいご指摘もいただいた。

「事案が発生してから特定社会基盤事業に追加されるという形は好ましくない。予見が難しいため産業界の負担が大きい」

「インシデントが発生したことを受けて事後的に特定社会基盤事業に追加するようなボトムアップのアプローチだけではなく、トップダウンのアプローチが求められるのではないか」

二〇二四年一月三〇日に官邸で開催された「経済安全保障推進会議」においては、武見《たけみ》敬三《けいぞう》厚生労働大臣からは、次のようなご説明があった。

「個々の医療機関については、システム障害が生じても、個別の医療機関の単位にとどまり、また周辺医療機関との連携により必要な医療提供が可能であるため、現状では、『経済安全保障推進法』の対象としない方向で検討している」

「今後、医療ＤＸの取組を進めるなかで、セキュリティ対策の強化を図りながら、地域医療提供体制への影響も踏まえつつ、引き続き精査を行う」

これを受けて岸田総理からは、「医療ＤＸの進展に合わせて、引き続き検討することが必要」とのご指示があった。

私としても、医療DXに関するシステムも含めて、医療機関をサイバー攻撃から守るための対策強化については、引き続き検討を深めていく課題となった。

中国企業の国内データセンター投資への懸念

中国企業による日本国内におけるデータセンター建設投資が大幅に拡大していることに懸念を抱いたことから、『外国為替《かわせ》及び外国貿易法（外為法）』による対応が可能か否かを検討している。

『外為法』は所管外だが、経済安全保障政策全体を見る立場から対応の方向性が見えれば、財務大臣および所管大臣（経済産業大臣・総務大臣）に相談することは可能だと考えた。

近年、次のような報道が相次いでいる。

中国企業のテンセントは、二〇二二年六月、日本に三カ所目のデータセンター設置の方針を固めた。二〇一九年からクラウド事業で日本に進出しており、日本ではオンラインゲームやライブ配信システムの開発・運営が好調なためだ。

また同じく中国企業のアリババは、二〇二二年一二月、日本に三カ所目のデータセンター設置を発表した。二〇一六年に東京で最初のデータセンターを開設以来、ゲーム、製造、小売、自動運転など、多岐《たき》にわたる分野の顧客をサポートしている。

さらに二〇二四年四月には、中国のデータセンター事業大手ＧＤＳが、都内に総容量四〇メガワットのデータセンターパークを共同で建設すると発表した。東京都府中市にある「府中インテリジェントパーク」内の区画にキャリア中立のデータセンターパークを開設する。安全で拡張可能な最先端のデジタルインフラに対する巨大な需要を満たす計画だ。二〇二六年中の稼働開始を予定しているそうだ。

東京大学大学院情報理工学系研究科の江﨑《えさき》浩《ひろし》教授によると、投資拡大の原因は、ＩＴ産業の構造変化にあり、ストレージからクラウドサービスへと移行したことだという。ＳＮＳや動画配信サービスなど、あらゆるものがクラウド化している。

江﨑教授は、特に中国発のクラウドが拡大する要因として、「ＴｉｋＴｏｋやオンラインゲームの需要がある」「日本国内は設置が平易《へいい》である」と指摘する。そのうえで、法律事務所Ｋｉｎｇ＆ＷｏｏｄＭａｌｌｅｓｏｎｓの弦巻《つるまき》充樹《よしき》弁護士による分析が妥当だとされた。以下のようなものだ。

「近年は、デジタル化の進展に伴い、政府機関や事業者等が保有する個人情報やビッグデータ等の重要な情報がクラウドに格納されている。今後、５Ｇや自動運転、あるいはＡＩ分析などの普及に伴い、ＤＣ（データセンター）の役割は、ますます大きくなっていくことが予想される」

「各国政府のなかには、データ・ローカライゼーションの動きを強めている国がある。これに対して日本政府は、データの自由な流通を促進する立場を取り、データ・ローカライゼーション規制をせず、ガバメント・アクセスを設けていない。そのため、今後、海外からも、政治的独立性の高い日本のＤＣへの投資はますます注目を集める可能性がある」

「日本は、（中略）『個人情報保護法』上の規制を除き、量の多寡《たか》にかかわらず、データそのものの保管について、独自の業規制を設けていない。今後、経済安全保障等の観点から、インフラ等の重要データを固有に保護する業規制がなされる可能性はないわけではないが、現時点で、確実な立法の動きは見当たらない」

「海外から日本のＤＣ設置等のプロジェクトに投資する場合、海外の投資家を匿名《とくめい》組合員として、日本の事業者を営業者とする匿名組合契約を使うことが多いと思われる」

データセンターに対する『外為法』の規制

『外為法』では、重要な事業を営む日本企業について、いわゆる「外資規制」を掛けている。

「国の安全等」の観点から、たとえば兵器関連の製造業や重要インフラなどの重要な業種を予め「指定業種」として定めている。

「指定業種」を営む企業に対し、外国投資家が、「上場会社の一％以上の株式取得」「非上場会社の一株以上の株式取得」「外国投資家またはその関係者の取締役・監査役の就任への同意」などの投資行為を行う場合には、財務大臣および事業所管大臣に対する「事前届出」が必要になる。

「事前届出」に対する審査の結果、「国の安全等」を損なうおそれがある場合には、投資内容の変更や中止命令を行うことが可能だ。

また、無届けや虚偽届出は刑事罰の対象となるほか、株式売却等の措置命令も可能となっている。

データセンター運営事業は、狭義《きょうぎ》では「データストレージ（保管）サービス」を指す。しかし実際の業態上、クラウドサービス事業としてデータセンターの設備を利用して、「計算環境の提供サービス」「プログラム開発環境の提供サービス」「暗号化処理サービス」などを一体的に営むことが一般的だ。

『外為法』上、「データストレージ（保管）サービス」については「その他の固定電気通信業（三七一九）」（総務省所管）の「指定業種」に該当する可能性が高い。

「計算環境の提供サービス」「プログラム開発環境の提供サービス」「暗号化処理サービス」については、「情報処理サービス業（三九二一）」（経済産業省所管）の「指定業種」に該当する可能性が高いと解される。

中国企業が日本においてデータセンター運営事業に係る投資（日本子会社の設置等）を行う場合には、投資行為前に「事前届出」と「審査」が必要になると考えられる（『外為法』第二七条一項）。

届出は、「データストレージ（保管）サービス」については財務省および総務省宛、「計算環境の提供サービス」「プログラム開発環境の提供サービス」「暗号化処理サービス」については財務省および経済産業省宛となり、それぞれの事業所管省（総務省、経済産業省）が審査の主担当となる。

なお、こうした事業者が、サイバーセキュリティ・サービスを提供する場合や遠隔からのシステム操作を伴う場合にあっては、さらに「コア業種」にも該当すると解される可能性が高く、この場合、「事前届出免除制度」の利用が制限されることになる。「事前届出対象業種」への投資であっても、経営非関与等の一定の遵守《じゅんしゅ》を条件に届出が免除されるが、「コア業種」に該当する場合は、上場会社への一〇％未満の株式取得を除いて、原則として「事前届出免除制度」は利用できない。

中国企業が我が国にもたらすリスクの中身

まずは、中国企業のデータセンターが我が国にもたらすリスクを明確にする必要がある。

第九章に記した『国家情報法』や『国防動員法』の存在を踏まえると、「情報流出」「クラウドの意図的な誤作動を通じた社会的混乱」「日本のサーバの接収」「日本のクラウド事業者の競争力喪失」など、リスクは大きいと考えている。

そのうえで考えられる対応策は、まずは現行制度の運用徹底だ。『外為法』の制度の周知に努め、届出・報告漏れの洗い出しと防止を図る。仮に届出違反が発見され、悪質性の度合いが著《いちじる》しい場合は、行政指導による警告や罰則（『外為法』第七〇条）の適用も含め、厳格な対応を取るべきだ。

仮に国の安全を損なうおそれが大きい場合は、報告徴求《ちょうきゅう》（『外為法』第五五条の八）などによって、まずは事実関係の確認を行う。そのうえで、行政指導による警告、措置命令、罰則の適用などがあり得る。

さらに『外為法』については、今後、中国企業が大規模なデータセンターの投資を行う場合への対応や、適切なリスク対応ができているか、あるいは中国企業にとっての抜け穴がないかなど、制度の改善が必要だと考えている。

すでに中国企業による日本国内へのデータセンター建設投資が進んでいることから、『外為法』による対応が困難な場合には、データセンターを対象にした、データ保護を目的とする業法を制定することも考える必要があるかもしれない。

楽天への出資の事前届出をしなかったテンセント

『外為法』は二〇一九年一一月に改正され、二〇二〇年五月に施行された。

外国人は投資家に義務づけている「事前届出」について、上場会社の株式取得に係る基準を「一〇％以上」から「一％以上」に引き下げて強化した。

「外国投資家又はその関係者の取締役・監査役の就任への同意」も「事前届出」の対象に追加された。

他方、「安全保障と健全な投資の促進とのバランス」に配慮するため、事業の譲渡・廃止を株主総会に自ら提案しない等を約束するなど、懸念が小さいと認められる投資については、「事前届出」を免除した。

しかし、同改正法に関しては「事前届出」の「免除」が広過ぎるため、「投資審査の補強」が必要だということについて、明星《めいせい》大学経営学部の細川昌彦教授が、数年前から何度も警《けい》鐘《しょう》を鳴らしておられる。私も基本的に賛同しているご意見だ。

細川教授からは、これまで産経新聞『正論』欄への寄稿文をはじめとして、多くの参考資料をご提供いただいているが、正確を期すため、その寄稿文（漢字表記等は本書に揃えた）から主なご主張を紹介する。

「(『外為法』改正)当時、過剰規制を懸念する声に押されて、『政省令』で、国有企業ではない民間企業については事前届出を広範に免除する制度が導入された。しかし、中国は国有企業ではなくても政府による統制が強化され、さらに『国家情報法』で国家への情報提供が義務づけられている」

「この問題が露呈したのが二〇二一年三月、米国からも問題視されている中国企業のテンセントが、楽天への出資について免除制度を活用して事前届出しなかったことだ。事前届出が免除されても顧客の個人データなど『秘密の技術情報にアクセスしない』などの条件が付いている、というのが政府の説明だ。表面的には良さそうだが、そうではない。インテリジェンス(諜報《ちょうほう》)機能が欠如した日本は、条件の遵守をチェックする手段を持ち合わせておらず、いわば性善説だ。日本は事前届出でしか情報を得られず、『事前届出こそ命』だ」

「たとえば、投資後に外国出資者が国有企業となったり、買収した外国企業が軍民融合の懸念先から投資を受けたりした場合、それを阻止する手立てはない。また、輸出管理における懸念企業や国際的な制裁対象企業であっても、事前届出の免除制度を利用できる」

「こうした問題点は、法改正ではなく『政省令』レベルで補強できるものも多く、早急に行うべきだ」

「国際的な潮流は、明らかに投資管理強化だ。米国は二〇一八年に事後介入中心の制度を補強して事前審査を加えた。二〇二二年には重要インフラなどを投資審査の重点分野とした。欧州でも各国による投資審査の導入に加え、EUも二〇二三年、国家支援企業による買収に対する新規制を導入した」

細川教授は、『外為法』については「改正後五年を経て検証して見直す規定がある」として、「投資審査の補強」に資する複数の改善案を、自民党経済安全保障推進本部の幹部議員や私に対して示してくださった。

第一案は、「対象企業による補強」だ。

コア中のコア事業者（とりわけ国民生活に影響を与える影響が大きい『経済安全保障推進法』で規定する基幹インフラ事業者に限定することは合理性がある）を「事前審査」の免除対象外にすること。これは、『政令』改正で可能だ。

併せて、その他のコア事業者については、免除基準を補強すること。これは、『告示』改正で可能だ。

第二案は、「投資家による補強」だ。

外国ユーザーリスト、中国の『国家情報法』、国家支援企業の扱いを念頭に、免除対象外の投資家を追加すること。これも、『政令』改正で可能だ。

まずは財務省および事業所管省庁の賛同を得ることが必要な補強案だが、いずれも『外為法』そのものの改正を要するものではなく、比較的短期間で対応可能だと考えられるので、同志議員とも協力しながら対策を講じたい。

監視カメラ等ＩｏＴ機器に関するセキュリティ対策強化の必要性

二〇二三年一月中旬以降に、洪水被害などを防ぐ目的で設置されている国土交通省の河川監視カメラ三三七台が不正アクセスを受けた疑いが確認され、国土交通省は稼働を停止した。

幸い出水期《しゅつすいき》ではなかったため、水防活動には影響がなく、同年三月三一日には、国土交通省から『配信を停止している簡易型河川監視カメラの再開について』というプレスリリースが発出された。

工場出荷時の平易なパスワードを変更していなかったことにより不正アクセスされ、サイバー攻撃の踏み台に使用された可能性が指摘された。国土交通省は、機器の交換、通信ポートの閉塞《へいそく》、パスワードの再設定などの対策を実施した。

他の被害事例にも、初期設定のパスワードをそのまま利用していた監視カメラの映像がインターネット経由で閲覧可能になっていたものがある。

このように、監視カメラについては不正アクセスの可能性もあることから、日本国内で使用されている監視カメラのSoC（映像処理や通信等の複数機能をまとめた半導体チップ）やファームウェア（監視カメラを作動させるソフトウェア）、あるいは製造・販売の状況について関心を持って調べてきた。

第九章に記した通り、米国で二〇一八年八月に成立した『二〇一九年NDAA（国防授権法）』は、中国のハイクビジョンやダーファが製造するビデオ監視機器（監視カメラ等）を「排除対象機器」とした。そして、排除対象機器・サービスの「政府調達の禁止（二〇一九年八月一三日～）」や排除対象機器・サービスを「利用している企業との契約締結禁止（二〇二〇年八月一三日～）」の措置を定めた。

世界市場では、ハイクビジョンとダーファのシェアは計四七％だが、多くは中国市場向けで、中国市場を除くと二五％だという。米国の政府調達からハイクビジョンやダーファが排除されて以降、日本を含むいわゆる西側諸国メーカー製カメラの需要が伸びているらしいので、日本メーカーにとっては追い風になっているのだろうと思う。

日本の大手メーカーのなかには、米国向けの製品は日本国内で製造し、米国向け以外の製品を中国の工場で製造している事業者もあるようだ。

中国の工場で製造している複数の大手メーカーについては、製品の検査は国内で実施し、バックドアのリスクがないことを確認しており、日本メーカーが指定した仕様書・納入部品を用いて生産していることも確認している。概ね安心できる体制だった。

ただ、私が懸念を抱いたケースもある。日本企業のＡＩカメラのなかに、ハイクビジョンとダーファによるＯＥＭ（製造委託）やＯＤＭ（開発・設計・製造委託）の製品が存在していたことだ。

監視カメラの卸売《おろしう》りをしている大手事業者数社によると、米国で『ＮＤＡＡ』が成立した二〇一八年以降、基本的にはハイクビジョンやダーファを含む中国製監視カメラは顧客に納入していないということだった。

しかし、「顧客から強い要望があったら、（中国製を）販売する可能性はある」「一割ほどは中国製を扱っている」という事業者もあった（多分、中国製品の価格が安いからだろう）。「交番や警察署でハイクビジョン社製のカメラが使用されている例があると聞いたことがある」という話もあった。

地方公共団体の庁舎の監視カメラシステムの調達仕様書において、ハイクビジョン社製のネットワーク機器と、日本企業が販売するノンブランド品だがハイクビジョン社の製造であると考えられる監視カメラを、規格として記載している事例もあった。

監視カメラの耐用年数は七～一〇年程度だが、ハイクビジョンやダーファの製品は耐用年数が短いこともあり、卸売り事業者やユーザーのご理解が深まれば、徐々に日本国内から減っていくのではないかと思われる。

監視カメラのみならず、ＩｏＴ製品は急増しており、その脆弱性を狙ったサイバー攻撃の脅威は増している。

電力や水道など重要インフラのシステムを厳重に守ることは必須だが、スマートホームも普及してきており、職場のビルや工場のシステムなど、私たちの暮らしに身近なところで使用されるＩｏＴ製品も狙われている。セキュリティの向上が必要となる。

なお、米国、英国、ＥＵ、シンガポールなど、諸外国の制度において求められるセキュリティの要件は様々だが、ＩｏＴ機器を輸出する場合にも、相手国で求められるセキュリティの水準を満たしていなければならない。さもないと、日本メーカーが市場を失うおそれがある。

今後、海外メーカーの製品であれ、日本メーカーの製品であれ、国民の皆様の安全に係るようなＩｏＴ製品に関しては政府がより積極的にリスクの点検を行う。それとともに、日本製品が高いセキュリティ水準を保てるような支援策を講じていかなければならない。

その点、経済産業省が二〇二四年三月一五日に公表した『ＩｏＴ製品に対するセキュリティ適合性評価制度構築方針案』では、高いセキュリティ水準が求められる政府機関や重要インフラ事業者に向けた監視カメラを含むＩｏＴ製品については、第三者が審査・評価を行う制度を設ける方針が示されている。

その他のIoT製品についてもセキュリティ要件を定め、それを満たすことをIoT製品ベンダーが自ら宣言する仕組みだ。

二〇二五年下半期頃から本格的に制度が開始される予定だが、大いに期待している。

これまでにも、政府機関や基幹インフラ事業者については、監視カメラを含むIT製品・IoT製品のセキュリティを確保するための対応は、順次、進められてきた。

安倍内閣時の二〇一八年一二月には、『IT調達に係る国等の物品等又は役務の調達方針及び調達手続に関する申合せ』を行った。そして、政府機関等の重要業務に係るIT調達については、IT製品等の開発や製造過程において情報の窃取《せっしゅ》・破壊等の悪意ある機能が組み込まれる懸念（サプライチェーン・リスク）に対応するため、基本的な方針および手続きを関係省庁で申し合わせた。講ずべき必要な措置を明確化したのだ。

対象機関は、国の行政機関二六機関、国立研究開発法人を含む独立行政法人八七法人、『サイバーセキュリティ基本法』に定める指定法人九法人の合計一二二の機関・法人だ（二〇二三年四月一日時点）。

また基幹インフラ事業者については、『経済安全保障推進法』に基づく「基幹インフラ制度」が二〇二四年五月から運用開始になったところだ。

たとえば監視カメラは「特定重要設備」には指定していないが、「特定重要設備」を設置して使用する場所において、監視カメラやドローン等の映像情報を得ることを目的とした機器の設置や使用に関しては、事業所管省の『省令』で「リスク管理措置」として記載しており、国が当該機器の映像情報の取扱いの適切性を確認できる仕組みを整備している。

課題としては、地方公共団体への徹底だ。

『地方自治法』の趣旨から、国から地方公共団体への強制はできない。国の関与は、その目的を達成するために必要最小限度のものとし、かつ地方公共団体の自主性および自立性に配慮することとなっている。

総務省においては、『地方公共団体が準拠すべき情報セキュリティポリシーに関するガイドライン』の次期改訂において、機器等の調達の選定基準を各地方公共団体が適切に整備することを位置づけていただきたい。それとともに内閣官房と協力し、地方公共団体に対して、前記の『ＩＴ調達に係る国等の物品等又は役務の調達方針及び調達手続に関する申合せ』や『経済安全保障推進法』の趣旨を伝達していただきたい。そうして懸念のある機器や監視カメラの導入抑止に向けて働きかけてほしい。

また、ＩｏＴ製品ユーザーである多くの皆様に対しても、パスワード設定などの留意するべき点について、各省庁から十分に周知していただくことが必要だと考えている。

結び——国際ビジネスの現場で活動する日本企業のために

日本の経済安全保障は、「特定の国や企業を念頭に置いたものではない」ということが鉄則だとされている。

二〇一八年一二月の『ＩＴ調達に係る国等の物品等又は役務の調達方針及び調達手続に関する申合せ』についても、特定の国や企業を名指しするものではない。

『外為法《がいためほう》』に基づく「安全保障貿易管理」でも、「リスト規制」では、『政省令』で定める品目については「全地域」が対象だ。

「キャッチオール規制」（リスト規制品目以外の、食品、木材等を除く全品目）では、「国連の安全保障理事会の決議により武器及びその関連品等の輸出が禁止されている国」一〇カ国・地域が『輸出令別表第三の二』に示されていることと、規制対象外となる「国際輸出管理レジームに参加し、輸出管理を厳格に実施している国」二七カ国が『輸出令別表第三』に示されている程度だ。

私は総務大臣在任中にも、自民党政調会長在任中にも、「米国の『Ｅｎｔｉｔｙ Ｌｉｓ

t』を参考に、安全保障や外交上の懸念がある企業・団体を列挙したほうが、日本企業が様々な判断をするうえで安心だし、便利なのではないか?」という疑問を、何度も官僚たちに投げ掛けてきた。

答えは、いつも決まっていた。

「リストにすると、リストから漏《も》れる懸念企業があるなど、抜け穴ができてしまいます」

「ただリストにしなくても、懸念があると考えられる外国企業との取引は行われている。また、外国政府や外国資本の影響を強く受けていると思《おぼ》しき日本法人の行為や、帰化して日本人になったばかりの方が社長を務める日本法人の行為が、多くの日本人を不安にさせた事例が発生していると聞く。リストから漏れた懸念企業は、追加すれば良いだけだ。

特定の国や企業を名指ししないルールの本当の理由は「外交的配慮」なのだろうと想像しているが、国際ビジネスの現場で経済活動を行う多くの日本企業にとって明快で負担が少ない方法はどちらなのか、自問をし続けている。

高市早苗

二〇二四年六月

参照資料・引用資料

- 東京大学大学院情報理工学系研究科・江﨑浩《えさきひろし》教授による提供資料
- King & Wood Mallesons・弦巻充樹《つるまきよしき》弁護士による原稿資料
- 明星《めいせい》大学経営学部・細川昌彦教授による提供資料
- 産経新聞・細川昌彦教授による寄稿文
- 『第三回国内投資拡大のための官民連携フォーラム』(令和五年一〇月四日)における日本エアロフォージ株式会社による提出資料
- 『平成二八年度 製造基盤技術実態等調査 セラミックス関連技術の国際競争力強化に向けた調査検討』(三菱総合研究所)
- 『平成二九年度 高効率航空機エンジン向け SIC/SIC 複合材料製造工法の開発』(公益財団法人 石川県産業創出支援機構)
- 『自民党令和三年政権公約』
- NEDO、JOGMEC、JETRO、NICTによる作成資料
- 内閣官房(NSS、NISC)、内閣府、財務省、外務省、経済産業省・資源エネルギー

庁、防衛省、文部科学省、法務省・公安調査庁、厚生労働省、総務省による口頭説明および作成資料（白書を含む）

●高市早苗著作物（著書、月刊誌寄稿文、公式サイトのコラム等）

本書は書下ろしです。

【著者略歴】
高市早苗（たかいち・さなえ）

1961年（昭和36年）生まれ、神戸大学経営学部卒業、㈶松下政経塾卒塾。米国連邦議会Congressional Fellow、近畿大学経済学部教授（産業政策論・中小企業論）を歴任。衆議院では、文部科学委員長、議院運営委員長等を歴任。自由民主党では、政務調査会長（3期）、経済安全保障推進本部長、サイバーセキュリティ対策本部長（2期）等を歴任。内閣では、通商産業政務次官、経済産業副大臣（3回任命）、内閣府特命担当大臣（5回任命）、総務大臣（5回任命で史上最長在職期間を記録）を歴任。2024年6月現在、衆議院議員（9期）、自由民主党奈良県第二選挙区支部長、経済安全保障担当大臣、内閣府特命担当大臣（クールジャパン戦略、知的財産戦略、科学技術政策、宇宙政策）。著書に『美しく、強く、成長する国へ。―私の「日本経済強靱化計画」―』（ワック）、『アズ・ア・タックスペイヤー』（祥伝社）、『サイバー攻撃から暮らしを守れ！』（編著・PHP研究所）、『ハト派の嘘』（櫻井よしこ氏との共著・産経新聞出版）などがある。

日本の経済安全保障　国家国民を守る黄金律

2024年7月15日　第1刷発行
2024年8月10日　第4刷発行

著　者　高市早苗
発行者　花田紀凱
発行所　株式会社　飛鳥新社
〒101-0003　東京都千代田区一ツ橋 2-4-3　光文恒産ビル 2F
電話　03-3263-7770（営業）　03-3263-5726（編集）
https://www.asukashinsha.co.jp
装　幀　ドット・スタジオ
印刷・製本　中央精版印刷株式会社
編集協力　間渕隆
カバー帯写真　今井一詞

ISBN 978-4-86801-034-0
落丁・乱丁の場合は送料当方負担でお取替えいたします。
小社営業部宛にお送り下さい。

編集担当　沼尻裕兵